EN ALAS DE LUZ

LIBRO UNO

MENSAJES DE ESPERANZA E INSPIRACIÓN
DEL ARCÁNGEL MIGUEL
CANALIZADOS A TRAVÉS DE
RONNA HERMAN VEZANE
ESCRIBA SAGRADA

KOLIMA BOOKS

Categoría: Espiritualidad | Colección: Ángeles y guías

Título original: On wings of light
Traducción: Marta Prieto Asirón

Primera edición: Noviembre 2019
© 2019   Editorial Kolima, Madrid
www.editorialkolima.com

Autora: Ronna Herman Vezane
Dirección editorial: Marta Prieto Asirón
Maquetación de cubierta: Sergio Santos Palmero
Maquetación: Carolina Hernández Alarcón, Carmen Ruzafa
@1996/2018 *Star*Quest* Publishing

ISBN: 978-84-17566-71-5

ÍNDICE

NOTA DE AMOR DE RONNA

Amados amigos,

Les invito a hacer un viaje conmigo, un viaje a los reinos invisibles donde moran los ángeles. Dejen a un lado su mente analítica si lo desean, y sientan con su corazón y conocimiento interior. Permitan que las palabras resuenen y vean si tocan una cuerda de verdad en lo más profundo de su interior, un recuerdo de tiempos pasados en los que comulgábamos y caminábamos con los ángeles.

Les presento los mensajes del Arcángel Miguel en la forma en que me fueron dados, con pocas correcciones gramaticales o de edición. Los mensajes tienen un estilo propio; él usa las palabras de una forma que puede no ser aceptable en círculos literarios pero que resuena con su esencia de amor y compasión, y por lo tanto se las traigo de la misma manera.

Cuando estoy lista para canalizar un mensaje, me siento ante mi ordenador y me rodean de Luz blanca, y entonces llamo a mi amada Presencia Yo Soy. Siento que mi conciencia se eleva hasta que se conecta con la energía del Arcángel Miguel que se mueve suavemente a través de mi chacra coronario hasta que brota el mensaje. Las palabras se desvanecen muy rápidamente en una transcripción casi perfecta (con algún un error tipográfico de vez en cuando). Puedo canalizar un mensaje en cuarenta y cinco minutos, a veces un poco más dependiendo de la complejidad de la información. Soy consciente al canalizar, observadora del proceso, como algo que tiene lugar de forma separada pero consciente.

Tengo una maravillosa y constante conexión con la energía del Arcángel Miguel, siento su presencia sobre mí día y noche. Esta bendición ha transformado mi vida y expandido mi conciencia más allá de mi imaginación más desatada. Muchos de nosotros hemos seguido caminos paralelos a los de las fuerzas angelicales a través de las edades, interactuando, asistiendo, creando, aprendiendo a medida que nos elevábamos por todo el Universo. Estamos regresando a nuestro estado natural donde escucharemos, veremos y caminaremos con los ángeles y los Maestros Ascendidos, que ya no son capaces de negar nuestra divinidad.

El Arcángel Miguel declara que sus palabras están infundidas de la esencia de Amor y Luz transmitida a través suyo desde el Dios/Diosa/Creador. Les pido que permitan que esta energía impregne su Ser mientras sienten el calor de su Presencia.

Los mensajes no siempre están en el orden que él me dio. Él determinó la secuencia en la que se presentarían en este libro. Sin embargo, de algún modo parecen haber adquirido un significado aún más rico y pleno, creo que porque en estos últimos años somos más sabios y capaces de comprender plenamente lo que él ha estado tratando de transmitirnos a su amorosa y paciente manera. Les ofrezco este regalo de la misma manera que me fue dado a mí. Con amor y bendiciones de ángeles,

RONNA, 1996

P.D. Al leer y revisar este, el primer libro de mensajes del Arcángel Miguel, estoy de nuevo totalmente asombrada por el milagroso regalo que me fue dado en febrero de 1992, cuando me convertí por primera vez en una «mensajera de las enseñanzas de sabiduría del Arcángel Miguel». ¿Puedes imaginar que de repente se te diera acceso a nueva e increíble información de la que no sabías nada, que fluyó desde tu mente y tus dedos a una transcripción casi perfecta? Eso es lo que me pasó a mí. Los mensajes estaban tan bien estructurados que merecían ser publicados desde el primero, y despúes a lo largo de todos estos años. Los mensajes de mi amado Miguel salieran al público en publicaciones cada vez más profesionales, traducidos a varios idiomas, y aparecen en cientos de sitios web y blogs de todo el mundo todos los meses desde entonces.

Cuando leí los mensajes me pareció increíble que fueran tan relevantes hoy en día como lo eran cuando fueron escritos por primera vez. Me gusta mucho este libro porque está lleno de mucha energía amorosa, y las palabras de sabiduría del Arcángel Miguel han dado esperanza, inspiración y guía a millones de personas de una manera muy personal, alentadora y sabia. Los cambios que me hizo hacer en esta edición revisada fueron pequeños: unos pocos cambios gramaticales y el afinamiento/actualización en la verbalización de algunos de sus mensajes anteriores.

Mi vida ha cambiado dramáticamente desde que me convertí en mensajera del Arcángel Miguel. Ha habido muchas pruebas y desafíos; sin embargo, los dones recibidos y muchos milagros asombrosos bien valen el esfuerzo que he realizado para convertirme en una «escriba sagrada» y en autora y presentadora de libros, mensajes, seminarios y webinars muy profundos que cambian la vida. Yo soy la prueba viviente de que lo que nuestro amado Arcángel Miguel enseña que te ayuda a alcanzar el autodominio y una vida de belleza, armonía, amor y abundancia. Como un «pequeño regalo», incluyo al final de este libro un artículo avanzado sobre el séptimo libro de mensajes del Arcángel Miguel: *La magia y la majestad de la Humanidad ascendente*. Amor eterno y bendiciones de ángeles,

RONNA, 1 de junio de 2018

EL PRINCIPIO

Me gustaría darte un breve resumen de mi vida para que sepas que no soy diferente a ti. Todos tenemos la habilidad de estar en comunión con los ángeles y los seres de luz más elevados −es derecho nuestro de nacimiento− que acabamos por olvidar. El Arcángel Miguel, otros seres angélicos, y los Maestros Ascendidos se están dando a conocer a un número cada vez mayor de personas cada día. El velo entre dimensiones está adelgazando y estamos rompiendo la ilusión de separación con la fuerza de Dios. Comunicarse con estos hermosos seres ya es la norma; lo anormal era cuando estábamos aislados y no podíamos interactuar con nuestros Seres Superiores y los mensajeros de Dios/Diosa/Creador de todos.

Cada vez más personas hablan de sus experiencias paranormales, algunas de las cuales son impresionantes por su belleza, mientras que otras son incómodas, confusas y desconcertantes. Todas son parte del proceso de transformación que hemos estado experimentando durante los últimos veinte años. Con mi historia puedo ayudarte a ti y a aquellos que conoces a entender lo que está sucediendo cuando empiezas a experimentar clariaudiencia (audición clara), clarividencia (visión clara), visiones, realidades multidimensionales, experiencias fuera del cuerpo, destellos de vidas pasadas y *«déjà vus»*. Siento que es importante que comparta las transiciones por las que he pasado, mi despertar espiritual y mi búsqueda, que finalmente culminó en convertirme en telépata cósmica y mensajera de las maravillosas enseñanzas de sabiduría del Arcángel Miguel.

Aunque siempre he sido una buscadora de la verdad, y a una edad muy temprana ya estaba frustrada y descontenta con el fundamentalismo de la religión que me impusieron mis padres, hasta que tuve cuarenta años no empecé a obtener respuestas y a darme cuenta de que había algo ahí fuera mucho más grande de lo que me habían enseñado.

En ese momento yo era asistente administrativa del presidente de una empresa de fabricación de equipos de televisión en Salt Lake City. Recientemente me había casado con Kent Herman, que era el director regional de marketing de Western Airlines (fue la segunda boda para ambos). Nos fuimos de vacaciones por todo el mundo, volando a lugares exóticos que nunca imaginé que tendría oportunidad de visitar. Amábamos nuestro trabajo, nos amábamos el uno al otro, y tuvimos una vida satisfactoria y emocionante juntos. Una encantadora señora llamada Vickey, jefa del departamento de publicidad donde yo trabajaba, y yo nos hicimos muy amigas. Era una mujer poderosa y sabia, mucho más allá de sus años, y muy adelantada a su tiempo. Un día vino a mi oficina y me habló de un interesante taller al que había asistido la noche anterior en el que una de las cosas de las que hablaban era la escritura automática, qué era y cómo hacerla.

Procedió a mostrarme qué hacer, y después de sostener el lápiz por unos minutos, sin ninguna ayuda consciente por mi parte mi mano comenzó a hacer remolinos y garabatos y luego empezó a escribir: «Lilliam Beemer, Lilliam Beemer». Tal y como le habían enseñado, mi amiga me dijo que preguntara si tenía permiso para saber lo que esto significaba. La respuesta fue: «Todavía no». Entonces escribí, o mi mano escribió: «Ve a tu máquina de escribir». Lo hice, apoyando las manos ligeramente sobre el teclado y casi inmediatamente comenzaron a volar sobre las teclas. El mensaje decía algo así: «Nos alegramos de poder ponernos por fin en contacto con vosotros. Debéis ser transmisores de una nueva conciencia, de una verdad superior. Uno de sus propósitos es que te conviertas en escritora y para ello se te dará información que impartir a aquellos que estén dispuestos a escuchar. Pero primero habrá un despertar y un período de limpieza y prueba». Había más, pero este era básicamente el contenido del mensaje.

Vickey se quedó de pie, asombrada, y después de que yo dejara de escribir y leyera el mensaje, exclamó: «Vaya, esto ha sido demasiado fácil; ciertamente has hecho esto antes en otra vida. Creo que no deberíamos seguir adelante hasta que te aleccionemos un poco y te enseñemos a protegerte».

Y así comenzó todo. Había leído un poco sobre religiones orientales y la reencarnación, pero no pensaba mucho en ello. Supongo que pensé que era algo tan plausible como lo que me habían enseñado en la escuela dominical cuando era niña, pero hasta ese momento no había leído ni oído nada que resonara en mi corazón como verdad.

El primer libro que Vickey me llevó para leer fue la historia de la vida de Edgar Cayce, *There is a river*, que literalmente dinamitó mi sistema de creencias. *El material de Seth* de Jane Roberts amplió la perspectiva de mi conciencia y destrozó muchas de mis supersticiones y creencias estructuradas. Me dejó sintiéndome vulnerable y sola. Fue difícil aprender que no hay un Dios «ahí fuera» que tira de los hilos y controla nuestras vidas, que se nos han dado todos los «talentos y herramientas» que necesitamos para crear el tipo de vida que deseamos experimentar. En otras palabras: somos responsables de nuestra propia realidad y «todo» depende de nosotros.

Fue como si me hubiera obsesionado. Empecé a leer todos los libros de metafísica que pude encontrar. Poco después, acudí a un dentista que usaba la hipnosis para relajar a sus pacientes y descubrí que podía caer en un estado alterado casi inmediatamente. Me dijo: «Eres uno de los mejores sujetos que he tenido». Le pregunté si podía recomendarme algún libro sobre el tema. Lo hizo y poco después de leer el primero, mi marido, su hijo de dieciséis años, Dan, y yo fuimos a hacer *rafting* por el río Colorado. Fue un viaje emocionante y lo pasamos de maravilla hasta el tercer día. Cuando estábamos pasando por uno de los rápidos más difíciles del río, el pontón izquierdo delantero, que estaba suelto y doblado hacia atrás sobre la parte delantera del barco donde yo estaba sentada, retorció mi pierna izquierda hacia arriba y hacia atrás y rompiéndola en tres partes. Se me produjo una fractura en espiral de la tibia y el peroné se me rompió por dos sitios. Me llevaron en helicóptero y después de que el cirujano ortopédico de Salt Lake City terminara de colocarme los huesos y me pusiera la escayola, me dijo: «Probablemente tendrás la escayola por lo menos tres meses. Los huesos tardan mucho más en curarse a tu edad» (Yo entonces tenía cuarenta y tantos años).

Pasé mucho tiempo en el gran y cómodo sillón reclinable de mi marido leyendo y practicando auto-hipnosis. Me di cuenta de que podía quitarme el dolor durante cuarenta y cinco minutos cada vez. Después de unos días tiré los analgésicos a la basura. Cada día empezaba concentrándome en enviar energía curativa a mi pierna y visualizarla fuerte y bien.

Después de seis semanas, cuando mi marido, Kent, me llevaba al médico para que me hicieran una radiografía, le dije: «Hoy me van a poner una escayola para andar». Él respondió: «No te hagas ilusiones, cariño, es demasiado pronto».

Cuando el médico entró en la habitación después de ver las radiografías, dijo: «Esto es increíble; tu pierna se ha curado tan bien y tan rápido como la de un chico de dieciséis años. Creo que hoy vamos a ponerte una escayola para andar». ¡Kent estaba atónito!

Le dije al doctor: «No te rías de mí, pero me gustaría contarte lo que he estado haciendo». Cuando terminé mi historia, él respondió: «No me río; ha funcionado. Hay tanto sobre el cerebro y el poder de la mente que apenas estamos empezando a darnos cuenta e investigar. Lo que sea que estés haciendo, sigue así. En cualquier caso no dolerá».

Me quitaron las escayola tres meses después y esquié a los cinco meses. Mi pierna nunca se atrofió y nunca me ha dado un minuto de dolor.

Comencé a estudiar más sobre la reencarnación y los estados alterados de conciencia y pronto meditaba con regularidad. Al poco tiempo empecé a tener destellos de vidas pasadas. No soy una visionaria. No veo fotos; solo había conocimiento. La historia se desarrollaba en mi mente y sentía las cosas que habían sucedido. Aprendí que Lilliam Beemer era mi nombre en una vida pasada muy importante. Eso contestó a muchas preguntas, incluyendo la razón de mi triste e insatisfactoria relación con mi padre. En mi libro *Once Upon a New World,* el capítulo titulado *«The Warrior Maid»* está basado en esa vida.

No sucedía a menudo, pero de vez en cuando una vida entera entraba en mi conciencia y yo me daba cuenta o aprendía cómo afectaba a mis relaciones actuales y era la base de muchos de mis miedos e impulsos.

Mi esposo fue trasladado a San Diego en 1976. La mudanza fue bastante traumática para nosotros en ese momento pero más tarde me di cuenta de que todo era parte del Plan Divino. Yo era agente inmobiliario con licencia para trabajar en Utah, así que inmediatamente hice los cursos requeridos y las pruebas para obtener mi permiso como agente inmobiliario en California. Poco después obtuve un puesto para dirigir una oficina de treinta y cinco personas.

A través de otra «divina coincidencia» conocí a otro maravilloso maestro y pronto me involucré profundamente en aprender todo sobre el arte de la Astrología Espiritual, y algún tiempo después comencé a dar conferencias sobre este tema.

Para entonces estaba canalizando regularmente con ayuda de mi máquina de escribir y había comenzado a hacer lecturas de vidas pasadas a mi familia y amigos. Me sentaba con las manos sobre la máquina de escribir, luego hacía una pregunta sobre una relación o un problema, y pronto surgía una historia o una explicación. A veces cantaba o recitaba poesía para asegurarme de que la información no provenía de mi mente subconsciente, sino de alguien o algo independiente de mí. No hubo ninguna diferencia; la información llegaba, de forma asombrosa para aquellos para quienes canalizaba la información, y para mí también. No siempre me sentía cómoda con la responsabilidad que sentía que estaba asumiendo para con los demás. Pero después de un tiempo, cuando una y otra vez me decían: «Tiene mucho sentido; me siento muy bien, ahora lo entiendo», me di cuenta de que era un regalo que me habían dado y que yo se lo estaba ofreciendo a otros. Dejaría que fueran ellos quienes decidieran si querían aceptar el regalo como verdad o descartarlo.

Canalizaba a varios guías diferentes en mi máquina de escribir en ese momento; el que más a menudo acudía se llamaba a sí mismo Anthony y me dijo que era uno de mis guías personales. También canalicé a una entidad amable y amorosa que se llamaba a sí misma Al-E-Ta.

En 1984, tanto mi marido como yo nos jubilamos. Habíamos trabajado mucho durante nuestras carreras, viajado y disfrutado de todo lo que el panorama social nos ofrecía. Acordamos que queríamos disfrutar de la serenidad, la paz y la tranquilidad de nuestra hermosa casa alpina. Gracias a otro conjunto de circunstancias –que ahora me doy cuenta de que también fueron fruto de la intervención divina–, fuimos llevados a comprar una casa situada en media hectárea, con altos robles y un pequeño y encantador arroyo. Esa es otra historia pero bastará decir que fue un milagro el que nos llevó a la propiedad y milagrosa la forma en la que todos los obstáculos se disolvieron para que pudiéramos disponer de otras dos propiedades y cerrar la transacción en los treinta días que teníamos.

Ahora tenía tiempo para dedicarme a mis estudios y reconectarme con la Madre Tierra mientras planeaba la jardinería de nuestro jardín y disfrutaba de la jubilación con mi marido. Todo parecía perfecto, y entonces en 1986 el proceso de limpieza comenzó de verdad. Desarrollé una neumonía bronquial que me dejó débil y debilitada. Empecé a engordar y a tener problemas de espalda. Me sentía miserable y desilusionada. Meditaba, rezaba y a menudo preguntaba: «¿Por qué... por qué ahora, cuando me esfuerzo tanto por vivir mis creencias espirituales? ¿Qué estoy haciendo mal?».

Esto continuó hasta principios de la primavera de 1987. Recuerdo el día muy claramente. Acababa de terminar de hacer unos ejercicios de yoga y estaba estirada en el suelo para meditar. Me sentía muy abatida y triste, como si la vida o todo lo que había hecho no tuviera sentido. Mis ojos estaban cerrados, pero las lágrimas se derramaban y corrían por mi rostro. Me sentí como un pequeño punto de energía flotando en la inmensidad del espacio... En el ojo de mi mente, sostuve mi alma en mis manos, la levanté hacia Dios y dije: «No sé qué hacer. Aquí la tienes, tómala; tú debes saber qué hacer con ella».

De repente, como si tuviera un megáfono en el oído, oí una voz profunda que decía alto y claro: «Bueno, ya era hora; hemos estado esperando a que te quitaras el ego de en medio para poder empezar a trabajar contigo. Nos llamamos TRITON, y seremos tu guía/maestro a partir de ahora».

Por un momento pensé que estaba volviéndome loca ya que, día tras día, mientras trabajaba en el patio o hacía mis tareas domésticas, esta conversación en mi cabeza continuaba, haciendo preguntas sobre todo lo imaginable, y siempre recibía una respuesta clara, concisa y amorosa. Pregunté acerca de todas mis relaciones, sucesos de mi vida y su significado. También quería saber sobre mis vidas pasadas más importantes, quiénes eran los personajes entonces y qué papel desempeñaban en mi vida actual. Mis sentimientos de frustración y tristeza por las diferentes experiencias y fracasos que había sufrido desaparecieron cuando todos los rompecabezas y piezas de mi vida parecieron encajar y todo comenzó a tener un sentido perfecto.

Les conté mi historia a algunos de mis amigos y familiares más cercanos, a aquellos que sabía que lo entenderían y no se sorprenderían. Pronto estaba haciendo preguntas para ellos y transmitiendo respuestas, y al poco tiempo TRI-TON comenzó a animarme a que le permitiera usar mi voz. Una vez más, estaba asustada y vacilante, y trabajaba solo con aquellos más cercanos a mí, aquellos por los que me sentía completamente amada y segura. Enseguida estaba haciendo regresiones de vidas pasadas con TRI-TON dirigiendo y guiando amorosamente a mis clientes, ayudándoles a experimentar la realidad de esas importantes relaciones y vidas, rompiendo límites, limpiando formas de pensamiento negativas.

Mi salud mejoró y empecé a ver el mundo desde una nueva luz. Parecía como si flotara a través de los días, haciendo lo que fuera necesario hacer, ya fuera cavar en el patio, limpiar la casa o permanecer absorta en mi trabajo espiritual. Era como si una parte de mí fuera una observadora en ese maravilloso lugar perfecto mientras mi cuerpo realizaba todas las tareas físicas.

Para entonces muchos de mis amigos estaban pasando por el proceso de limpieza y orden, creciendo a pasos agigantados. Sentimos la necesidad de compartir lo que estábamos aprendiendo y experimentando, de darnos apoyo y aliento. Comenzamos a reunirnos cada dos semanas y a intercambiar información, libros y lo que estábamos aprendiendo en seminarios y talleres. Estudiamos juntos, meditamos juntos y creamos una cálida y amorosa unidad familiar espiritual que sigue intacta hoy en día, aunque muchos han ido en distintas direcciones y han tomado un camino espiritual diferente.

Todos estábamos expandiéndonos y haciendo crecer rápidamente nuestra conciencia espiritual. El tiempo se aceleraba y el mundo cambiaba a un ritmo vertiginoso. Estaba canalizando a TRI-TON regularmente, tanto en sesiones privadas como grupales. A menudo canalizaba en las reuniones de nuestro grupo, y todos podían sentir su energía amorosa y dinámica cuando hablaba a través de mí.

Nos dijo que era parte de una energía más grande, una esencia de muchas partes, un ser multidimensional (no realmente un él, por supuesto), pero la energía se sentía fuerte y masculina. Siempre hablaba de «nosotros» y nos dijo que esa unidad de energía nunca se había encarnado en lo físico, sino que siempre había sido un maestro de los planos causal y mental superiores del mundo etérico. La energía era parte de nuestra «sobre-alma» más grande, y nosotros, que nos habíamos reunido para aprender y crecer como una familia de almas aquí en la Tierra, un día nos reuniríamos con este gran ser llevando nuestra conciencia, amor y experiencia para agregarla al Todo. Dijo que estaba disponible para cualquiera de nosotros una vez que habíamos roto el velo energético del pensamiento negativo acumulado y las vibraciones emocionales. Enseguida muchos de nuestro grupo recibieron respuestas o impulsos de TRI-TON y sintieron una conexión muy cercana con esta entidad amorosa.

Un día, trabajando en el patio, acababa de empezar a caminar en dirección a nuestra pequeña arboleda de árboles de Navidad para podar, cuando TRI-TON dijo: «Es hora de que empieces a escribir. Escribirás un libro que se llamará *Una vez en un nuevo mundo*». Me sorprendió un poco, pero al no tener idea de qué iba a tratar ese libro y de cómo podría llevar a cabo semejante tarea no pensé mucho en ello durante unas pocas semanas. Y entonces, de repente, empezaron a formarse escenas en mi mente y me sentí obligada a escribirlas. Me senté en la sala de estar con mi marido por la noche, y mientras él veía la televisión, noche tras noche yo escribía, a veces a mano y a veces en taquigrafía, mi mano volando sobre las páginas de un bloc de notas amarillo a medida que la historia comenzaba a desplegarse. Al día siguiente corregía y transcribía en mi máquina de escribir lo que había escrito la noche anterior. Terminé el primer borrador del manuscrito en cuatro meses. Reescribirlo, perfeccionarlo y completarlo me llevó mucho más tiempo. Mecanografié laboriosamente el manuscrito original de 326 páginas dos veces mientras añadía y eliminaba numerosos elementos.

Luego, gracias a otro milagro tuve oportunidad de comprar un ordenador usado, el *software*, que incluía *Word-Perfect*, la impresora, etc. a un precio de ganga. Mi querida amiga Connie, que lo encontró para mí, también me enseñó los conocimientos informáticos suficientes para utilizarlo correctamente. Así que volví a reescribir el manuscrito, esta vez en disquetes.

Durante ese tiempo también empecé a escribir poesía. Me despertaba por la noche con palabras que brotaban en mi mente. Tenía que escribirlas inmediatamente o se perderían por la mañana. Durante un período de seis meses escribí más de veinte poemas y luego dejaron de llegarme. Ocasionalmente encuentro algún otro tomando forma en mi mente, pero no muy a menudo. Y si intento escribir uno sin mi musa particular es un desastre.

Durante este período, de 1987 a 1991, experimenté muchas cosas, algunas de las cuales eran difíciles de compartir incluso con mi grupo de almas. A menudo, durante la meditación sufría sacudidas tan violentas que mi cuerpo se levantaba de la cama o del suelo. Sentía olas de energía fluyendo arriba y abajo de mi cuerpo que me dejaban débil y luego regocijada. En meditación me llevaron a lugares distantes, templos y lugares de reunión, donde parecía que se estaban llevando a cabo iniciaciones masivas. Una vez, estando sentada al aire libre en mi roca favorita meditando durante la luna llena, una voz me dijo: «¿Estás lista?». Yo dije mentalmente: «sí». Me lo preguntaron tres veces y cada vez dije «sí». Eso fue todo, nada más. No estaba segura de lo que había acordado, pero en mi corazón sentía que había dado la única respuesta posible.

Poco después de eso, ocurrió otro suceso que trasformó mi realidad. Yo coleccionaba y usaba cristales y piedras como tantas otras personas seguidoras de la Nueva Era. Tenía un cristal generador favorito, y también un cristal más pequeño con doble terminación que usaba en la meditación. Mi amiga Sarah y yo estábamos en una reunión un domingo y yo estaba buscando un cristal para un amigo. Mientras mirábamos una polvorienta vitrina llena de bisutería antigua y otros tesoros, en la esquina vi un cristal sucio y apagado de unos diez centímetros de largo y tres de ancho en la base. Pedí verlo, y cuando lo tomé en mis manos un escalofrío recorrió mi brazo y mi cuerpo. Pregunté el precio y cuando la señora dijo nueve dólares, inmediatamente exclamé: «Me lo quedo».

Llevó varios días limpiarlo, ponerlo a remojo y exponerlo al sol antes de que el cristal empezara a sentirse bien. No sabía dónde había estado, pero sabía que su viaje había sido largo y tumultuoso. El cristal ahora era puro, claro y liso, sin ninguna mancha. Era algo plano, más que redondo, y la punta terminaba de forma bastante aguda. Se adaptaba muy bien a mi mano y empecé a usarlo en mis meditaciones a medida que mi afinidad por él aumentaba rápidamente.

Un día, estando en meditación profunda con el cristal en mi mano derecha, esta comenzó a sentir un hormigueo y a calentarse mucho. De repente me vinieron a la mente palabras, no la voz de TRI-TON, solo un conocimiento: «Me llamo Excalibur. Soy un símbolo de la punta de la poderosa espada del Arcángel Miguel. Defiendo el valor, la verdad y la Voluntad Divina. He vuelto a ti para que recuerdes que eres uno de los suyos, un miembro de su amada legión de guerreros de la Luz».

Me senté en silencio durante mucho tiempo, pero no dijeron nada más. Estaba emocionada y asombrada y no sabía qué hacer, pero después de esa experiencia sentí la necesidad de tener el cristal conmigo en todo momento. Dormía con él en la mesita de noche a mi lado, y durante mucho tiempo lo llevé en una bolsita de terciopelo en el bolso. Ahora tengo a mi Arcángel Miguel y mis cristales de la Señora Fe en mi escritorio, frente a mi ordenador. Solo los llevo conmigo cuando viajo.

Unas semanas después del mensaje de Excalibur, durante una de mis conversaciones privadas con TRI-TON, me dijo: «Pronto un nuevo maestro de grandeza vendrá a ti. Habéis completado el proceso de limpieza y la energía entre vosotros ahora es pura y desinhibida. Os habéis vuelto Uno con nuestra energía para que ahora estemos en perfecta unión. Crecemos y evolucionamos a medida que lo hacéis vosotros, y nosotros también, siempre más alto y más allá. Somos parte de vosotros y vosotros sois parte de nosotros. Este es el camino deseado de la Ascensión para alcanzar vuestro Ser Superior; uníos y luego llegad más alto al siguiente y luego al siguiente nivel, hacia la conciencia cósmica, a muchas más facetas selectas de vuestro Ser Divino. Hay muchos niveles y dimensiones en el camino a la Ascensión y cada paso dado es una victoria».

Estaba asombrada, por no decir otra cosa; parecía que había adoptado una nueva conciencia, un punto de vista ampliado. Mientras que antes tenía que pasar de un proceso meditativo a un estado alterado para conectarme con la energía de TRI-TON, ahora la energía estaba conmigo todo el tiempo; podía conectarme a ella como si cambiara una frecuencia de radio cambiando mi mente. Comencé a ver a la gente y los eventos de manera diferente. Pude mirar con compasión hasta a los seres aparentemente más bajos y despreciables: asesinos, violadores, criminales, no por lo que fueran y hubieran hecho, sino por esa chispa de divinidad que había dentro de ellos. Los eventos o las cosas raramente me molestaban; sentía que todo estaba sucediendo por una razón, por un bien más elevado y superior. Me volví más tolerante y dejé de juzgar. Dejé de tener opiniones sobre muchos temas, de ver el bien y la validez en todos lados. En resumen, me volví más bondadosa.

Mi grupo espiritual realizó un maravilloso retiro de tres días sobre la activación y aceleración del 11:11 el 11 de enero de 1992. TRI-TON estaba con nosotros y todos nos sentimos estrechamente conectados y en sintonía con el espíritu. Todos regresamos a casa con una nueva conciencia, un sentimiento de que algo profundo había ocurrido.

Unos días después, decidí grabar una cinta con la energía de TRI-TON para recoger lo que había ocurrido durante esos tres días. Inmediatamente después de sentarme con la grabadora encendida, sentí que una oleada de energía atravesaba mi cuerpo. Parecía juntarse e impactar en la base de mi cráneo. Con una voz muy profunda y aparentemente lejana, comencé a hablar:

«Amada hija de la Luz, te traigo saludos del Altísimo. Vengo a vosotros ahora para expresaros mis sentimientos de alegría por vuestros logros y por el progreso que habéis logrado en tan poco tiempo. Vengo a vosotros a través de la energía de la entidad que vosotros conocéis como TRI-TON. Vosotros, que os habéis convertido en un canal claro de Luz y habéis abierto las ondas de energía haciendo posible que me conecte con vosotros a través de la energía compatible de TRI-TON. Yo soy el que conocéis como Arcángel Miguel. Os transmitiré mis enseñanzas a través de un mensajero hasta que os ajustéis a las frecuencias más elevadas de Luz que estaré impartiendo a y a través de vosotros. Debéis llevar esta información en vuestro ordenador para que pueda ser fácilmente difundida a otros. Sabed que sois amados grandemente y que estáis bajo mi guía y protección directa, así como la de uno de los Maestros Ascendidos». (Que resultó ser Djwahl Khul).

Durante dos días me encontré un poco fuera de mí. No tenía dolor de cabeza pero sentía mi cabeza muy expandida como si tuviera mucha energía acumulada en la base del cráneo, aunque esto disminuyó gradualmente. Tras un período de adaptación de unos pocos meses, el Arcángel Miguel comenzó a venir a mí directamente en vez de a través de su mensajero. Ahora, cuando me siento en mi ordenador, me envuelvo en la Luz invencible y me conecto con mi sobre-alma/Ser Superior (mi Tríada Sagrada) y siento una oleada de energía fuerte pero amorosa que fluye a través de mí mientras mis manos vuelan sobre el teclado. Los mensajes llegan rápidamente, en una transcripción casi perfecta, y siempre me siento alegre pero tranquila y en paz cuando termino. Me siento muy bendecida por ser la receptora de tanta energía y conciencia amorosa. Sé que nunca estoy sola y que mi vida tiene un propósito. No tengo miedo al futuro y no me creo el escenario que nos venden de perdición y melancolía. No siempre ha sido fácil, pero no me habría perdido ni un momento de lo que he vivido por nada del mundo. Y es maravilloso saber que lo ¡mejor está por venir!

Amor y Luz a todos vosotros en el camino. Que vuestro viaje sea tan estimulante, maravilloso y satisfactorio como el mío. Un dulce día todos nos reuniremos. Amor eterno y bendiciones de ángeles, Ronna.

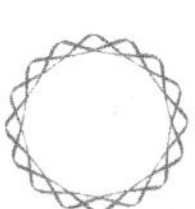

AMOR A LA VIDA[1]

L es por amor, I es por infinito,
F es por lleno de ti, E es por siempre

La vida tiene un principio, tiene un fin,
y entre medias puedes empezar
a crecer y aprender o ir a la deriva
hacer frente al desafío, ayudar y levantar
el ánimo, y a los que están a su alrededor
echarles una mano, tomar una mano, entender.
Siéntela... vívela... dale todo lo que tienes
sé lo mejor que puedas, olvida lo que no eres
no la desperdicies, llénala de risas, rocíala con lágrimas,
y cuando llegues al final de tus años,
podrás mirar atrás y decir con orgullo:
esta vez le di a la vida todo su juego.
Viajé por el camino en espiral de la vida,
llegué a la cima,
y disfruté el viaje todo el tiempo[2].

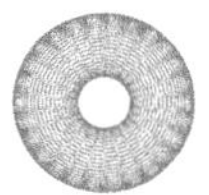

---

1   En el original: LOVE OF LIFE©
L is for love ** I is for infinite ** F is for full of it ** E is for ever

2   Ronna Vezane. 1994/2018

UN MUNDO DE PERDICIÓN Y TRISTEZA O UN MUNDO NUEVO Y ALEGRE. LA ELECCIÓN ES VUESTRA

Saludos, queridos, venimos a vosotros como mensajeros del Arcángel Miguel. Hoy deseamos hablaros sobre vuestro futuro y el futuro de vuestro mundo tal y como lo conocéis. ¿Compráis el escenario de perdición, oscuridad y destrucción, o estáis en paz sabiendo que el Plan Universal del Creador es perfecto? Tendréis lo que esperáis, ¿sabéis? Os encontráis en la agonía del amanecer de una Nueva Era; un proceso de nacimiento, y el nacimiento de algo nuevo es siempre incómodo, pero será rápidamente olvidado en el éxtasis y la belleza de una nueva vida.

Vosotros, que sois los trabajadores de la Luz, la vanguardia de la Nueva Era y la nueva conciencia, tenéis la responsabilidad de enfocar vuestra energía en la belleza y el perfeccionamiento del proceso. En otras palabras, debéis neutralizar la energía negativa que está bombardeando vuestro mundo con miedo, depresión y sentimientos de desesperanza por aquellos que no son capaces de absorber el aumento de energía que se está infundiendo en vuestro planeta. El lado oscuro de la Humanidad está siendo expuesto y ya no será tolerado. A aquellos que continúan operando en el anticuado modo animal-humano usando la codicia, la violencia, el egoísmo, la desconfianza y la negación, les parecerá que el mundo se ha vuelto loco y reina el caos.

Así que, es vuestra responsabilidad de construir vuestra fuente de poder interior y enfocar esta energía en el equilibrio, la paz y la armonía, primero dentro de vosotros mismo y luego unidos con vuestros compañeros espirituales para crear una sinergia tan poderosa que pueda compensar la energía negativa de miles es más importante que nunca. Esto es posible porque tenéis el poder de los Maestros trabajando con vosotros. Las masas están separadas y haciendo impactar sus energías dentro y sobre sí mismas, mientras que vosotros estáis reuniendo vuestra fuerza y permeando la Tierra y los éteres con ella, magnificando y atrayendo aún más cantidades de energía positiva hacia vosotros.

Estáis actuando también como un ancla para la Madre Tierra, creando refugios seguros en medio de la confusión. No permitáis que el miedo o la duda penetren en vuestra conciencia. Si aceptáis como un hecho todos los eventos negativos previstos para vuestro futuro cercano, este será vuestro futuro. Cuantas más personas permitan que este tipo de energía entre en sus mentes y luego la proyecten hacia afuera como verdad, más probable será que estas predicciones se conviertan en realidad. Recordad, os estáis convirtiendo en co-creadores de vuestro propio yo maestro espiritual a medida que aprendéis a visualizar aquellas cosas que deseáis crear y luego las infundís de energía con una afirmación positiva. Si no disciplináis vuestros procesos de pensamiento, y especialmente vuestras emociones, en todo momento, existe una clara posibilidad de que también manifestéis los eventos cataclísmicos y las terribles predicciones que están siendo difundidas por personas bien intencionadas.

¿No eres consciente de que es posible que la transformación se lleve a cabo de manera milagrosa con un mínimo de dolor y destrucción? Sí, la Tierra necesita limpieza y, sí, las viejas formas de ser y pensar deben ser transmutadas, pero vosotros y aquellos como vosotros han sido despertados y fortalecidos específicamente porque sois capaces de lograr estos milagros.

Nosotros, los de las dimensiones y reinos superiores, estamos limitados en lo que respecta a la cantidad ayuda que podemos dar sin el permiso y la aceptación de al menos una porción de la Humanidad. A medida que tú construyes tu conciencia de Dios, nos permites aumentar nuestra ayuda hacia y a través de ti. Necesitamos que te des cuenta de tu gran potencial. Te animamos a que aceptes la verdad universal de que eres un co-creador de la fuerza de Dios. ¿Cuáles son tus sueños más ambiciosos? ¿En qué clase de mundo deseáis que se convierta vuestra Tierra? Construidlo en vuestra mente, sostenedlo en vuestro corazón e impregnad vuestra naturaleza emocional con el anhelo de que se manifieste, y luego comenzad a afirmarlo en la realidad. Toda la energía inmanifestada del Universo está a vuestra disposición. No basta con leer y adquirir conocimientos. No basta con anhelar y desear. Sabed que vosotros sois co-creadores de dioses. Debes creer con todo tu ser que tienes un suministro ilimitado de todas las cosas buenas, todas las cosas perfectas que están esperando a que las reclames y las hagas fructificar.

Queridos, debéis elevaros por encima de lo que se piensa que es bueno o malo. Debéis reunir a vuestro alrededor un manto de neutralidad, de no juicio. Debéis avanzar en vuestra conciencia de paz y armonía perfectas en sintonía con vuestro Ser Superior y con vuestra conciencia de Dios. No os dejéis influenciar y no sintáis que tenéis que justificar vuestras creencias o forzar vuestra conciencia en constante expansión sobre los demás. Si uno viene a ti con necesidad y te pide ayuda y respuestas, suminístrale lo que se necesita. Pero recuerda el código de los Maestros: atrévete a conocer, atrévete a hacer y guarda silencio. Construye tu poder dentro de ti, refuérzalo a través de la acción conjunta y la energía amorosa de tu familia espiritual, y luego avanza con toda tu gloria dinámica. Si mantienes el rumbo nada puede impedir que alcances tu meta más alta. Está asegurado.

Con el tiempo, cada uno de vosotros se sintonizará más y más con su propia conciencia interior a través de la intuición, los mensajes telepáticos o la clarividencia. Si te mantienes centrado y en control de tus procesos de pensamiento siempre estarás informado de lo que deberías estar haciendo o de dónde deberías estar. Siempre estarás en el lugar correcto en el momento adecuado.

Nuestro propósito es darte ánimo y asegurarte que tus esfuerzos están dando sus frutos; estás marcando una diferencia. ¿No puedes sentir la diferencia en ti mismo? Disfruta del nacimiento de tu nueva conciencia y del proceso de transformación de la Tierra. Haz que sea una experiencia emocionante y estimulante, un viaje a nuevas dimensiones precursor de un Paraíso terrenal. La elección es tuya. Vosotros tenéis un dicho: «El Cielo es el límite»; os decimos incluso que ni el Universo es el límite. Sabed que sois amados y que estáis siempre bajo la protección y guía del Arcángel Miguel y de los Maestros.

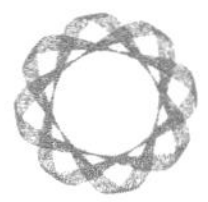

EL PROCESO DE TRANSFORMACIÓN

Pregunta de Ronna: «Querido mensajero, por favor, explique por qué muchos de nosotros nos sentimos tan mareados y débiles, y nuestros patrones de sueño son tan erráticos, es decir, ¿necesitamos más sueño o el que a veces casi no durmamos es algo puramente físico, y, de ser así, qué lo causa? ¿o es un proceso espiritual?

Sí, venimos a ti como mensajero del Arcángel Miguel. Queridos, os explicaremos el proceso que está en curso, y también lo que debéis esperar que ocurra en el futuro inmediato. Es importante que todos vosotros entendáis y no os pongáis ansiosos o intentéis tratar estos síntomas con remedios artificiales.

Antes que nada, el proceso de transformación se está acelerando a un ritmo tremendo para que vosotros y otros trabajadores de la Luz podáis manejar las energías entrantes y limpiar vuestros vehículos corporales de energía negativa residual. La razón de esto es que cualquier desequilibrio residual creará incomodidad y también os impedirá lograr una completa transformación/transmutación. Es como si estuvierais a horcajadas entre dos dimensiones, queridos; en realidad algunos de vosotros estáis experimentando tres dimensiones a la vez. Vuestro ser físico está operando en un mundo de Tercera Dimensión, vuestros cuerpos emocional y mental están tratando de ajustarse a la experiencia de Cuarta Dimensión, y vuestra conciencia o Ser Espiritual está alcanzando la Quinta Dimensión, ¿veis?

La estructura molecular de vuestro cerebro se está redefiniendo a sí misma, y también ciertas áreas de vuestro cerebro están siendo activadas. Áreas que han estado inactivas durante miles de años, y también algunas áreas críticas que no han estado activas durante millones de años. Como veis, hay una razón para vuestra incomodidad y angustia. No es algo físico, en el sentido de lo que tú piensas que es lo físico; en otras palabras, no estás enfermo y no hay ninguna influencia externa involucrada. El proceso es interno, cósmico y espiritual. Permítete descansar cuando se presente la incomodidad. Cuando sientas la abrumadora necesidad de dormir, hazlo, porque esto es lo que se requiere. Escucha cuidadosamente los impulsos y sentimientos de tu vehículo físico, ya que esto acelerará el proceso y lo hará más fácil y cómodo para ti.

Come ligeramente, bebe líquidos puros, es decir, agua filtrada, zumos de frutas, frutas y verduras frescas. Todo esto te ayudará a aliviar tu malestar. Por favor sabed y entended que vuestros cuerpos ya no serán capaces de asimilar alimentos pesados, picantes y ricos. Vuestro sistema interno y digestivo está siendo transformado o refinado hasta el punto de que estos alimentos producirán inmediatamente una reacción de uno u otro tipo. Algunos de vosotros ya estáis experimentando esto y estáis sabiamente sintonizándoos con los mensajes que estáis recibiendo.

El proceso que vosotros y otros estáis experimentando sucedería normalmente a lo largo de un período de varios cientos de años. Sí, repetimos varios cientos de años, así que puedes ver o imaginar el *shock* y la desorientación que tu vehículo físico está experimentando. Algunos de vosotros estáis muy angustiados por el aumento de peso. No lo estéis; esto es necesario para aquellos de vosotros que estáis dando este monumental salto hacia adelante, que pondrá y ha puesto tensión a vuestro sistema físico. Tu alma-Yo se está esforzando por traer a todos tus vehículos corporales al equilibrio y la armonía tan rápido como sea posible. Así como has sentido angustia mental y confusión durante tu período de transición, ahora es el momento de que tu cuerpo físico te siga.

Su campo áurico está siendo limpiado; estáis trayendo vuestros cuerpos mentales, emocionales y superiores en línea, y justo a tiempo. Los informes acerca de un cambio de hora y otras manifestaciones son correctos. Sí, la siguiente fase está teniendo lugar, las energías están siendo incrementadas, estáis subiendo en espiral hacia el siguiente escalón más alto de la escalera evolutiva. Parte de la mecánica es que la órbita de la Tierra está siendo elevada y la otra parte es que el bombardeo de energía electromagnética o cósmica está incrementándose tremendamente. Espera más violencia (la Tierra absorberá más y más energía también, al igual que todos los seres humanos, animales y plantas). Aquellos que no estén equipados para manejar esta energía se volverán más violentos, deprimidos, angustiados y confundidos. Espera más suicidios, más accidentes, más eventos inusuales; todo es parte del proceso, ¿entiendes?

Podéis imaginar cuán poderosa e invasiva es esta energía cuando os deis cuenta de que penetra hasta el centro de la Tierra, así como a todo y a todos los que están en ella. Si te hace sentir mareado e incómodo, ¿cómo crees que se sentirán todas las pobres almas no iluminadas? Más enfermedades, mentales y físicas, más confusión, más brotes de histeria y crisis mentales. Más violencia entre y hacia los demás; actos de violencia sin sentido, personas que actúan de manera irracional e impredecible. Nada de lo que era fiable en el pasado será fiable; las viejas estructuras, religiosas y comerciales se quedarán en el camino. Si no están infundidos con la Luz no se mantendrán en pie.

Vuestro proceso político está en una montaña rusa emocional. Sin embargo, de ello saldrá mucho bien. Las masas están empezando a salir de su letargo y comenzando a cuestionar las cosas. Los militares están en proceso de una completa revisión mental y ética. Vuestra economía está atascada y las viejas formas de arreglarla no están funcionando. La Jerarquía ha comenzado a tomar el control de muchas áreas que hasta ahora se había considerado que estaban fuera de sus límites. Una vez más, parte de vuestro maravilloso trabajo y logros como trabajadores de la Luz ha sido unir fuerzas con los reinos superiores, lo que nos ha permitido trabajar a través de y con vuestras energías, y con vuestro acuerdo, usando vuestra voluntad para dirigir estas energías. ¿Ves? No te quitamos tu libre albedrío. Miles de vosotros han pedido: «Hágase tu voluntad», lo que nos ha permitido dirigir la energía pura de Dios a vuestra Tierra como nunca antes. ¿No os hemos dicho que vosotros sois faros de Luz, anclas y conductos de energía cósmica?

Y así, a medida que la energía aumenta y vosotros absorbéis sus rayos transformadores y revitalizantes, estáis sintiendo más y más sus efectos. Os preguntáis cuándo veréis los resultados; los habéis estado sintiendo. Pero ¿cuándo ocurrirá la manifestación física? Pronto, queridos, mucho antes de lo que podéis imaginar. Por lo tanto, no os preocupéis por un poco de mareo y malestar. Esto pronto pasará y os asombrará lo que ocupará su lugar: nueva conciencia, nueva visión, nuevos dones espirituales, nuevo conocimiento; sí, al final, incluso un nuevo cuerpo.

A medida que os volváis competentes en transmutar la negatividad que habéis creado durante vuestras muchas encarnaciones pasadas y comencéis a aprovechar la sabiduría de vuestro Ser Superior, comenzareis a moveros a través del proceso con más facilidad y gracia. Disfrutad vuestra transformación, amados, disfrutad el regreso a vuestra verdadera identidad, al verdadero vosotros. A la finalización de esta fase particular de vuestra evolución os sentiréis muy complacidos y luego destinados a cosas mejores y más altas. Esperamos poder daros la bienvenida a nuestro mundo, queridos; os amamos y os extrañamos mucho. Amor y bendiciones para vosotros de parte del Arcángel Miguel y los Maestros.

PERFECCIONANDO VUESTRAS HABILIDADES TELEPÁTICAS

Pregunta de Ronna: «Querido mensajero, por favor dinos cómo podemos convertirnos en mejores canales o perfeccionar nuestras habilidades telepáticas para poder traer información vital de los reinos superiores en su forma más verdadera».

Amados seres: tu pregunta es de gran importancia en este momento porque es imperativo que tantos de vosotros como sea posible traigáis de vuelta a vuestra conciencia la facultad perdida de la comunicación telepática, no solo entre vosotros, sino también con los reinos superiores. Es vital para que cada uno de vosotros obtenga la habilidad de recibir información directamente cuando sea necesario. Habrá eventos venideros de importancia crítica en los que será el tiempo de la esencia, y por lo tanto, la única manera de que la información y la instrucción pueden ser distribuidas es a través del contacto directo con cada alma/persona individual. No será posible decírselo a un canal y esperar a que la información sea dirigida a todos los de su círculo o a los implicados. No importa si se recibe a través de la intuición o de la comunicación telepática directa, pero cada persona debe sintonizar con su propia voz interior o estación de transmisión.

Ahora, en cuanto a la mejor manera de lograrlo: en primer lugar, debe existir el deseo —un deseo fuerte y dedicado— que nos dé permiso para trabajar con cada persona individualmente. Cuando decimos «nosotros», nos referimos a vuestros guías, maestros, ayudantes angélicos, los Seres de Luz de los reinos superiores, etc. Segundo, debe haber un proceso de limpieza, una disciplina de la mente. En otras palabras, la habilidad de sentarse tranquilamente y esperar en silencio a que los suaves empellones de la comunicación comiencen; a convertirse en receptor. Cada persona debe dedicarse a la verdad más elevada y a la difusión desinteresada de la información. El ego debe ser equilibrado o domesticado para que el mensajero se dé cuenta de que la información es a través suya y no suya. Os convertiréis en un conducto a través del cual fluye la información. La calidad y la verdad de la información dependerá del grado en que seáis capaces de dejar de lado vuestro ego y vuestra mente consciente.

De vital importancia: debe haber una pureza de corazón y propósito, una dedicación de voluntad por lograr o desarrollar (o volver a desarrollar esta habilidad), y luego fe para confiar en vuestras habilidades. También debes usar tu discernimiento para saber si la información se convertirá o no en tu verdad. Confía en tu «monitor cardíaco», que te ayudará a responder a esta pregunta: ¿la información suena a verdadera, la siento cálida y expansiva, o es atemorizante, negativa, controladora o desempoderadora?

Como ejercicio sugeriríamos: sentaos en silencio, rodeados de una luz protectora. Rendid homenaje a la Fuerza de Dios o Padre/Madre Dios. Pedidle a vuestro Ser Superior y a la Presencia Yo Soy que el maestro o mensajero más compatible con vuestras energías salga a trabajar con vosotros. En los reinos invisibles los hay que tienen su especialidad, como en vuestra Tierra. No puedes esperar hacer ecuaciones matemáticas cuando ni siquiera entiendes el álgebra, o la terminología médica, o información musical detallada, si no tienes ya ese vocabulario o ese talento en tu banco de memoria. Sería demasiado difícil para el profesor transmitir esta información a través tuyo. Hay quienes ya están bien informados en estos aspectos o áreas de trabajo, y es mejor dejarlo en manos de quienes tienen esas habilidades. Después puedes leer o buscar lo que ellos hayan canalizado. Lo que cada uno de vosotros debe esforzarse en desarrollar es la habilidad de transmitir o recibir información pertinente para vosotros mismos y para aquellos que están en vuestro círculo inmediato. No todos están destinados a ser un canal o receptor telepático cósmico de información importante para ser diseminada a las masas.

El siguiente paso sería desarrollar la habilidad de colocar tu conciencia en tu chacra coronario, y luego 25 o 30 cm por encima. Elevad vuestro espíritu, por así decirlo, sentid que vuestra conciencia se alza para encontrarse con los Maestros. Dejad vuestra conciencia corporal atrás y alcanzad los éteres. Sentiremos vuestra energía y entonces comenzaremos a trabajar con vosotros. Lo sentirás como si estuvieras siendo izado hacia arriba, pero en realidad es un proceso de cambio hacia adentro. Puede que al principio sean suaves empellones, pero se harán más fuertes si persistes. Además, tened en mente preguntas concretas al principio. Tras un tiempo será posible recibir información de carácter general, pero al principio será específica. Las preguntas a las que se les puede dar una respuesta «sí» o «no» son incluso aconsejables, y luego esperad a que el impulso llegue a vuestra conciencia. Os estamos esperando —a tantos como sea posible—; podemos cuidar de todos vosotros o hablar con todos vosotros a la vez. No estamos limitados, queridos.

También estad preparados para que el proceso de limpieza se acelere cuando pidáis convertiros en un canal del Espíritu, y esperamos que también estéis listos para aceptar el consejo que se os haya dado. No estamos para juegos de salón o para satisfacer vuestra curiosidad. Es mejor que ni siquiera intentéis contactar con los reinos superiores si ese fuera vuestro deseo, porque todo lo que recibiréis será de bromistas o entidades insatisfechas en el plano astral que solo os desorientarán.

Los velos entre las dimensiones se están adelgazando y las energías son tales que este maravilloso regalo está disponible para más y más de vosotros. Sin embargo, debes situarte en primer plano y decir: «Sí, estoy listo». Al principio, sería bueno reservar un cierto tiempo para practicar estas habilidades. Esto ayudará a disciplinar tu mente, y también permitirá a los Maestros saber que eres serio en tu búsqueda. Vamos a mover el Cielo y la Tierra para llevaros a la perfección, queridos. Convertíos en Luz-corazón y Luz-espíritu en vuestra búsqueda, sabed que somos aún más reales que vosotros, y estamos esperando para abriros el universo de todas las posibilidades. Uníos a nosotros para traer de vuelta el «mundo real», queridos; un mundo de alegría, un mundo de amor, belleza y paz, un mundo donde podemos interactuar libre y alegremente con vosotros y donde obtendréis validación de nuestra existencia.

Esperamos vuestros esfuerzos; esperamos vuestras preguntas. Esperamos interacciones más felices con todos vosotros. Venid... venid con nosotros... Escuchad la música y el canto de las esferas; venid con nosotros y fluid con la marea menguante de la conciencia cósmica donde reside la Mente Universal de Dios, y donde conoceréis todas las cosas. Hemos esperado pacientemente vuestro despertar... es la hora... Venid. Sabed que sois amados y apreciados por el Arcángel Miguel y los Maestros.

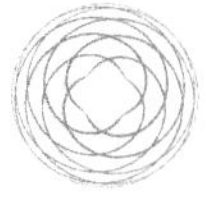

MOVERSE A TRAVÉS DEL PROCESO DE LIMPIEZA CON FACILIDAD Y GRACIA

Amados seres: es imperativo que todos vosotros entendáis que debéis pasar por un proceso de limpieza, y para algunos de vosotros este podría ser algo incómodo. Sin embargo, esto puede ser relativamente fácil o muy difícil. Depende totalmente de ti. Sabrás que algo anda mal cuando empiecen a aparecer problemas físicos, y también cuando empieces a tener problemas en tus relaciones o dificultades financieras. Representan áreas que necesitan ser equilibradas, así como que necesitas equilibrar tu ser físico con el cuerpo emocional, el cuerpo mental y el cuerpo etérico. Las cuestiones residuales o no resueltas están surgiendo para que, de una vez por todas, puedan ser resueltas. Es tu Yo del Alma ayudándote a enfrentarte a esos problemas. Puede parecer que no te están ayudando, pero es así. Todos los asuntos sin resolver –y estos pueden ser pocos o muchos, dependiendo de cuánto trabajo interno hayas hecho– deben ser puestos en primer plano y equilibrados para que puedas seguir adelante con tu crecimiento espiritual.

Recordad, se os ha dicho que es necesario que el cincuenta y uno por ciento de vuestro karma sea completado o resuelto para que seáis liberados de la rueda del karma. En ese momento habréis despejado gran parte de la ilusión, estaréis en el camino. Os estáis volviendo autoconscientes y lentamente estáis comenzando a funcionar como auto-maestros. Es entonces cuando la alegría comienza, cuando el camino se vuelve más fácil, más dichoso y excitante a medida que lo atravesáis más y más arriba hacia los reinos de todas las posibilidades. Este regalo debe ser ganado, queridos.

Hay requisitos y condiciones, y todos ellos deben cumplirse. «Pero, ¿cómo lo sabré?», dices. Lo sabréis cuando aquellos que atraigáis a vuestra experiencia reflejen la belleza de vuestra alma; la veréis reflejada en sus ojos. Lo sabréis cuando hagáis una pregunta y la respuesta aparezca como por arte de magia; a veces saldrá de vuestra mente o de la nada, alguien os dará la respuesta, o la encontraréis en un libro, o incluso os llegará de una película o de un televisor. Lo sabréis cuando vuestra abundancia comience a fluir a medida que aceptéis y disfrutéis la generosidad, y luego permitáis que el resto se desborde hacia el mundo donde más se necesita. Lo sabrás cuando tu corazón y tu alma canten y no puedas callarte. Debes compartir tu alegría con cualquiera que esté dispuesto a escuchar. No debe ser sostenida fuertemente bajo su envoltura sino que debe ser compartida. Esta es una de las condiciones. Lo sabréis cuando comencéis a vivir con constante conciencia de vuestra herencia espiritual y sintáis las energías amorosas y vivas que aún no podéis ver. Todo esto os ha sido prometido a vosotros, queridos. ¿No vale la pena la incomodidad?

Acepta cada nuevo desafío con entusiasmo. ¿Qué trata de enseñarme esta persona? ¿Qué está reflejando de mí? ¿Qué concepto erróneo estoy sosteniendo para necesitar experimentar esta negatividad? ¿Qué trata de enseñarme mi cuerpo? Escucha. ¿Está desalineado? ¿Le estás dando la atención que necesita, comida sana, ejercicio o movimiento, alimentándolo con ideas adecuadas? Las ideas y los pensamientos también son comida, ¿sabes?

Es el tiempo de la esencia, queridos, se os necesita ahora. Pero primero debes tener tu propia casa en orden y tu cuerpo en equilibrio. Tienes toda la ayuda y los recursos que necesitas, pero debes pedir y creer, y luego aceptar y reconocer. Por eso debes tomar medidas. Debes compartir lo que ya has experimentado y aprendido, y no estancarte sino transmitirlo, y dejar espacio para un aprendizaje nuevo y superior. No estás aquí para aprender solo por aprender. Por el bien de tu alma, conviértete en un participante activo en la evolución que está teniendo lugar ahora. No te quedes atrás.

Nunca en el tiempo de este día cósmico —y con esto queremos decir durante la evolución de la Humanidad actual desde sus comienzos— ha habido semejante oportunidad de oro para el despertar espiritual, el crecimiento espiritual y la transformación. Las energías, la sabiduría, el amor y la Luz transformadora os están esperando. Tenéis a vuestra disposición tanto o tan poco como deseéis, pero tenéis la responsabilidad de limpiar vuestros vehículos terrenales y dejar paso para que estas nuevas fuerzas dinámicas puedan crear el milagro que realmente estabais destinados a ser. Os dejamos ahora. Sois amados por el Arcángel Miguel y los Maestros.

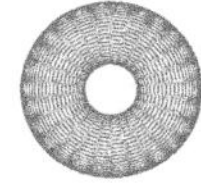

VUESTRA INCIPIENTE CONCIENCIA DE LUZ

Amados seres: lo que queremos transmitiros hoy es cómo vuestra conciencia y atención a los detalles de vuestra mente, los procesos funcionales que hay entre vuestra naturaleza espiritual y vuestra naturaleza física crean vuestra realidad, promueven o impiden vuestro progreso a lo largo del camino de la conciencia o Ascensión.

Cuando estabas firmemente atrincherado en la realidad tridimensional, estabas a merced de todas las corrientes o flujos de energías del pensamiento masivo —las emociones que te rodean en los planos astrales—, que, como sabes, interpenetran e interactúan con el plano físico. A medida que empezáis a purificar vuestro campo de energía, liberando viejos condicionamientos, viejas medias verdades y falacias, comenzáis a expandir y elevar vuestra conciencia a una sintonía más fina. Esto significa que, como auto-maestro de Luz en ciernes, las verdades más nuevas y puras comenzarán a filtrarse en tu conciencia.

Ahora, de lo que muchos de vosotros no os dais cuenta es de que tenéis muchas de estas verdades más elevadas enterradas dentro de vuestra conciencia consciente superior, o memoria de vuestra alma, esperando emerger, pero para este surgimiento el camino debe ser despejado primero. Después de que te pongas al día, por así decirlo, de tu nivel almacenado de conciencia, y de incorporarlo a tu conciencia mental, estarás listo para el siguiente nivel de instrucción o sintonización espiritual. Tu alma o esencia espiritual, o tu Ser Superior, nunca pierde el discernimiento obtenido en su experiencia pasada.

A medida que perfeccionáis y equilibráis vuestros cuerpos físico, emocional, mental y etérico, llega un momento en que estas energías combinadas alcanzan una masa crítica y hay una incorporación o absorción automática de las energías de vuestra alma con las de vuestro Ser Superior o las energías de la sobre-alma. En este punto hay una total interacción y armonía entre estos dos niveles del ser, y el camino está entonces abierto para que se integre el siguiente nivel de conciencia. Entonces estaréis, como parte de vuestra conciencia Superior, listos para recibir instrucción del siguiente nivel superior de vuestra conciencia de sobre-alma. Ese es el proceso interminable del camino hacia la Ascensión de regreso a los reinos superiores de Luz.

Esto es la Ascensión, queridos. Hay muchas más almas que toman este camino, un nivel cada vez, que aquellas que trascienden en un destello de luz cegadora como lo hizo Cristo Jesús. Este es el tiempo de la Ascensión del grupo. Aquellos de vosotros que estáis en la vanguardia, despejando el camino, por así decirlo, aceptasteis ayudar a vuestros hermanos y hermanas con vuestro ejemplo. Habéis recorrido este camino muchas veces en preparación para este evento en particular. Ahora la culminación y conclusión de esta porción de vuestro Plan Divino están a mano.

Todo debe evolucionar; nada puede permanecer estático. Hay una división en cuanto a quién se moverá hacia adelante, o hacia arriba si así lo preferís, y aquellos que deben retirarse a otras realidades de Tercera Dimensión para continuar su progreso a lo largo del camino de la conciencia. Aquellos que no están del todo listos para el siguiente paso en la evolución serán los que liderarán la siguiente ronda de Ascensión. Vosotros también habéis estado en esa posición, así que hay justicia y perfección en el Plan. No se os olvidará; no se os dejará solos; simplemente es que no es el momento de vuestra graduación.

Siempre hay unos pocos que se salen de la corriente principal y se adelantan a las masas. Son esas almas valientes y excepcionales que se atreven a soñar y a ser diferentes, y que tienen una visión interior que no pueden olvidar.

Y entonces, en concreto, ¿qué significa esto para ti y para los que te rodean? Significa que las estructuras de la sociedad tal como las conocéis están cambiando; las lealtades cambiarán y parecerá que las viejas formas de ser y funcionar ya no serán viables. El matrimonio, tal como lo conocéis ahora, no será el foco principal de aquellos que estén en el camino espiritual superior. No habrá un enfoque en una persona, sino en muchas. No tendrás el lujo, si quieres decirlo así, de dedicar tu tiempo y energía a una sola persona. Estaréis interactuando con muchos, obteniendo energía y conciencia de una familia más grande –una unidad de conciencia espiritual– que necesitareis para funcionar en el nivel más alto requerido por vosotros para cumplir con las tareas y deberes del futuro. Vuestra fuerza y dedicación de propósito serán de suma importancia. Se os ha dicho: debéis traer todas vuestras conexiones físicas a la perspectiva apropiada. No se os pedirá que abandonéis todo lo que conocéis y amáis, aunque es imperativo que vuestra atención se dirija a los deberes para los cuales habéis sido preparados y comisionados a desempeñar.

Permaneced centrados en el alma, queridos, mantened vuestra sintonía consciente con vuestro Ser Superior porque los mensajes e instrucciones llegarán a vosotros a un ritmo cada vez más rápido. El tiempo de espera y preparación ha terminado. El tiempo de acción se ha iniciado. Hay diferentes niveles de conciencia, como podéis imaginar; por lo tanto nuestros mensajes no serán escuchados o entendidos por todos en este momento. Estaremos transmitiendo mensajes de diferentes vibraciones y niveles, y cada uno de vosotros sabrá si un mensaje es para él, porque resonará profundamente dentro de su ser. Tomad de cada mensaje lo que creáis conveniente, pero no os desaniméis ni os sintáis culpables si no estáis preparados para aceptar todo el manto de vuestra espiritualidad.

Hay quienes están dispuestos a dar un paso adelante y quienes no, como en el proceso de iniciación. Siempre ha habido secretos en los diferentes niveles de la Hermandad o en los niveles superiores de iniciación. La incorporación a este conocimiento debe ganarse y no se da de forma ociosa. El proceso se está acelerando para que el mayor número posible de personas pueda ser alcanzado e instruido. Es por eso por lo que tú y los que son como tú sois tan importantes. Vosotros no solo conducís y ancláis la Luz, sino que transmitís la información que se os está dando para que otros puedan acceder a su conciencia espiritual y puedan ver con vuestro ejemplo viviente que sí funciona.

Aceptad vuestra capa de responsabilidad, queridos. Esto es para lo que habéis estudiado, rezado, meditado y anhelado; vuestros esfuerzos no han sido en vano. El cumplimiento del destino de vuestra vida está al alcance de vuestra mano. ¡Regocíjate, regocíjate, regocíjate! Siempre eres guiado y protegido por el Arcángel Miguel y los Maestros.

LA URGENCIA DE LA UNIDAD

Amados seres: lo que queremos transmitiros hoy es una nueva conciencia. Es de la mayor importancia que empieces a ser observador de tus pensamientos, acciones e interacciones a cada momento del día, y sí, incluso de tus actividades nocturnas; tu estado de sueño y tu tiempo de crepúsculo. Despertad vuestro sentidos, queridos, estad vivos y participad en la creación de la totalidad del nuevo tú y tu nuevo entorno. Sed conscientes de las energías sutiles en acción, los pequeños milagros a vuestro alrededor y dentro de vosotros. Nos gustaría que observarais y recordarais el mes pasado en el que muchos de vosotros habéis estado yendo en diferentes direcciones y experimentando varios eventos, algunos maravillosos y otros perturbadores. Pensad y daos cuenta de cuánto habéis cambiado, y cuánto ha ocurrido en muy poco tiempo. Posiblemente algunos de vosotros no veáis estos cambios en vosotros mismos, pero por favor creednos cuando decimos: «Ha habido cambios monumentales dentro y fuera».

Vuestro calendario de tiempo o de eventos se está moviendo tan rápidamente que es casi imposible para vosotros manteneros al día, y esto puede hacer que os sintáis perturbados o un poco fuera de sincronía. Lo que queremos transmitiros es que vuestra Tierra está ahora en pleno torbellino del cambio; la espiral de la evolución se está moviendo a un ritmo asombroso, y en última instancia para el bien de todos.

Y, ¿qué significa esto para ti? Y todos vosotros decís, consciente o inconscientemente: «¿Qué hacemos ahora?». Deseamos informaros de que las dimensiones Cuarta y Quinta están comenzando a cristalizar en vuestro querido planeta Tierra. Están empezando a aparecer zonas de demarcación: Luz aquí, oscuridad todavía allá; supresión aquí, plena conciencia comenzando a manifestarse allá, y así sucesivamente. La confusión que se está experimentando es necesaria para llevar la frescura y la Luz donde más se necesitan, y sí, para atraer la atención de aquellos que aún están firmemente aferrados a en una realidad tridimensional.

Cada uno de vosotros está siendo dirigido a donde debería estar de momento. Sí, posiblemente incluso a zonas donde se predice la devastación, o a zonas de alta criminalidad, estresantes o deprimidas. ¿Pero no ves el propósito de esto? Se os necesita para traer equilibrio y armonía, y se os necesita para anclar la Luz. Serás guiado o colocado estratégicamente donde seas de mayor valor y donde podrás ser de mayor utilidad para el Plan maestro. Sin embargo, permitidnos aseguraros, queridos: ¡estáis seguros! No estáis sin protección, en todos y cada uno de los momentos. Mientras permanezcas en sintonía con tu Ser interior, siempre, repito, siempre, se te informará de lo que debes hacer o dónde debes estar, a menos que empieces a aceptar la realidad de la privación, la destrucción y el cataclismo. ¿Necesitas esto en tu vida o como lección? Creemos que no.

Una vez más, y el tiempo ahora es aún más crítico, os animamos a formar vuestros grupos: tres, cuatro, nueve, doce, tan pequeños o tan grandes como queráis; pero reuníos, y reuníos a menudo. Estudiad, decretad, meditad y orad juntos. Apoyaos, reforzaos, informaos mutuamente. Ayudaos mutuamente a daros cuenta de que cada momento de cada día es crítico, preservad vuestros pensamientos y acciones; sois poderosos, queridos. Habéis pedido la iluminación y muchos de vosotros habéis evolucionado más allá de nuestras mayores expectativas; sin embargo, debéis daros cuenta de que como maestros —o en fase de ser maestros— sois co-creadores junto con la Hueste Celestial y los

Maestros Ascendidos. Se os dirige a crear amor, equilibrio, paz y armonía en vuestro universo personal, vuestro cuerpo, espíritu, mente; vuestro hogar, familia, vecindario y luego vuestra ciudad, estado y en la Tierra. Todo está comenzando a vibrar a un ritmo mayor y la única manera de absorber y manejar esta energía sin resultados devastadores es a través de la conciencia consciente y el esfuerzo concertado.

Muchos de vosotros habéis sentido la necesidad de reubicaros en varias zonas y esto puede ser apropiado, especialmente si el camino se deja claro y todo encaja en su lugar con facilidad. Pero esto no debe hacerse con pánico y por miedo. Recuerda, debes llevarte a ti mismo y a tu conciencia contigo, y si hay un miedo profundamente arraigado a la destrucción y el cataclismo, atraerás esta experiencia hacia ti y llegará sin importar cuán lejos corras. No puedes esconderte de tu alma. Sabemos que algunos de vosotros estáis angustiados y tristes porque sentís que estáis siendo separados de vuestra familia espiritual o que vuestro grupo está yendo en diferentes direcciones. Hay un propósito tras esto, queridos, y ahora que os estáis reuniendo con vuestra verdadera familia espiritual después de tantos eones no perderéis el contacto de nuevo. Podéis estar separados geográficamente por un tiempo, pero seréis reunidos, y recordad, en espíritu no podéis ser separados. Pronto llegará el momento en que tendréis conscientemente la habilidad de comunicaros telepáticamente a kilómetros; ahora lo hacéis inconscientemente, como veis. Muchos dones espirituales pronto serán vuestros a medida que completéis vuestro proceso de purificación y obtengáis la sabiduría y la perspicacia necesarias para manejar estas habilidades con sabiduría y discernimiento.

A medida que vuestro año comienza su fase final, los eventos comenzarán a sucederse más rápidamente; habrá más disturbios, más desesperación, más miseria. No te dejes atrapar por la actividad o mentalidad de Tercera/Cuarta

Dimensión. Sentid compasión y esparcid vuestra Luz por el mundo, pero no os enredéis en la confusión. Parte de vuestro propósito en este momento es enfocar Luz y energía en aquellos que controlan vuestros gobiernos. Pedid, haced peticiones, visualizad a las almas más dignas y evolucionadas entrando en posiciones de poder, quienquiera que sean. Pedid la iluminación y seguid vuestras convicciones; no os dejéis llevar por el mal camino.

Ahora estáis entrando en una fase crítica como especie y como planeta en el proceso evolutivo en vuestro camino de regreso a la unidad con el resto de la Creación de Dios. No hay duda de que procederéis al siguiente peldaño o espiral, tal como lo están haciendo el resto de vuestro sistema solar, galaxia y subuniverso. Pero, ¿se logrará esto con gracia y facilidad, solo con pequeños ajustes y reordenamientos, o será necesario hacerlo mediante el cataclismo y la destrucción? Esta es la urgencia y por eso cada uno de vosotros sois tan importantes.

Debéis ser elogiados, queridos, todos vosotros, que habéis trabajado tan diligente y fielmente. Vosotros habéis supuesto una diferencia y tenéis asegurado un lugar en el nuevo orden, pero aún no se sabe si vuestra dulce Tierra puede dar el paso gigantesco que se necesita sin la tribulación que ha sido pronosticada durante tanto tiempo. Es por eso por lo que os hablamos con urgencia, no para haceros sentir temor o ansiedad, sino para alertaros sobre la inmediatez de la situación. ¿No te das cuenta de tu poder y del poder de la unidad, del poder del enfoque dedicado y el propósito? Esta es vuestra misión en este momento, queridos. Medita diariamente y cada noche; mejor aún, conviértete en una meditación viviente para que cada momento de vigilia esté enfocado en el propósito más elevado para todos. Luego reunid vuestro amor y poder, y cread meridianos de Luz y energía entre vosotros para que vuestra fuerza fluya hacia adelante y hacia atrás entre vosotros e irradie desde vosotros, tanto hacia los cielos como hacia el centro de vuestra madre Tierra. Imaginad ese flujo de energía en vuestra mente y vedlo creciendo, construyendo, conectando, reforzando, extendiéndose a través y alrededor, construyendo un marco de Luz y amor que estabilizará y acunará vuestra Tierra y a sus habitantes en una vibración de la brillante energía de Cristo que fluirá suavemente y con gracia hacia la siguiente dimensión. Este es vuestro propósito, queridos.

A medida que aumentéis vuestra dedicación y uséis más vuestras habilidades y energías, estas se multiplicarán por diez y luego de nuevo por diez. Todos vosotros estaréis bajo la guía de los Maestros Ascendidos y el foco personal de incontables ángeles. ¿Puedes sentir la diferencia en tu vida y en tu conciencia? Ya no tienes que esforzarte o caminar solo. Ese tiempo ha pasado. Ahora es el tiempo de la unidad, unidad entre la Humanidad y unidad entre la Humanidad y la espiritualidad. Ya no tenéis que estar aislados de nosotros o nosotros de vosotros, y nos regocijamos de la reunión. Hemos esperado mucho tiempo para que el velo sea levantado, para que vuestra conciencia llegue al punto donde podamos, una vez más, comunicarnos e interactuar con vosotros. El proceso para muchos de vosotros está a punto de completarse. Algunos de vosotros estáis listos para el salto a lo desconocido, a la tierra de los gigantes. Y una vez que hayáis dado el paso, muchos de vosotros elegiréis ayudar a vuestros hermanos y hermanas a tomar conciencia, y juntos, crearéis el nuevo orden: la nueva clase estelar de la Humanidad que creará paz y armonía en vuestro dulce planeta Tierra. Traerás a tu conciencia la comprensión de cuán grande eres realmente y recordarás muchos de los talentos y verdades que has escondido dentro de tu Alma-yo. Recordareis que ya sois maestros, que acabáis de olvidar. Sin embargo, ahora es el momento de recordar, queridos. Es hora de que asumáis vuestra verdadera identidad. Pregunta y se te contestará. Pregunta y la respuesta llegará a su conciencia. Pregunta y se te mostrará el siguiente paso. Pide, confía y todo te será dado.

Dentro de cada uno de vosotros están todo el poder y la sabiduría que siempre necesitareis, porque habéis abierto las líneas directas de comunicación con los Maestros. La dirección puede venir de diferentes modos, pero está ahí, amados. Cada uno de vosotros que recibe y se toma en serio estos mensajes puede estar seguro de que está en comunicación directa con su Ser Superior y con los Maestros.

Escuchad, sentid, absorbed y luego transmitid. Vosotros sois un faro de Luz y proveedores de energía cósmica, y sois críticos para el éxito de vuestra Tierra y la evolución de la Humanidad. Sois amados y protegidos por el Arcángel Miguel y los Maestros.

UN REGALO DE INFUSIÓN DE ENERGÍA DE COLOR BLANCO DORADO DEL CREADOR

Amados hijos de la Luz, os traigo saludos del Altísimo. Sabed cuán grandemente sois amados y venerados, y cuán complacidos estamos con vuestro progreso en este gran evento divino llamado Ascensión. Permitidnos suavizar y borrar algunos de vuestros miedos y frustraciones, y aseguraros de que estáis logrando vuestras metas, aunque no sean aparentes desde el punto de vista externo.

Somos conscientes de la gran cantidad de presión que muchos de vosotros que buscáis la Luz estáis experimentando; cuán acosados y ocupados habéis estado, y de vuestro profundo deseo de concentraros en vuestro crecimiento espiritual. Al igual que vuestro mundo, hay tareas que deben ser cumplidas y cosas que debéis atender hasta que sean completadas. Es una de las pruebas del proceso de iniciación: tu dedicación y discernimiento, tu habilidad para disciplinarte a ti mismo en atender tus tareas y deberes mundanos con buena voluntad y alegría. Todavía no es el momento de que te liberes de las cosas del reino físico —no importa cuánto lo desees—; aún debes cuidar los detalles y las tareas mundanas de tu vida.

Tienes la sensación de que muchas cosas que estás haciendo o experimentando no volverán a suceder, o están llegando a su fin, y es correcto. Es como si estuvieras integrando o reuniendo ciertas áreas de tu experiencia de vida. Muchos de vosotros no os dais cuenta de que una vez que habéis plantado firmemente un pensamiento de la semilla de la Ley Universal en vuestra conciencia o habéis aprendido una lección importante, habéis trascendido ese nivel de experiencia. Esta es la razón por la que muchos de los eventos de vuestra vida deben ser experimentados en soledad. Solo podemos ayudaros una vez que os comprometáis a operar desde vuestra conciencia espiritual superior; entonces podremos allanar el camino; sin embargo, vosotros sois lo que debéis captar el significado y la verdad que encierra una experiencia.

Una vez que alcancéis el nivel de ser capaces de acceder a vuestro Ser Superior —cuando hayáis situado vuestro ego y personalidad bajo la guía de vuestra alma, en vez de lo contrario—, podremos comenzar a infundiros una mayor Luz, la cual conlleva sabiduría y armonía, así como protección de la estructura de creencias negativas de la conciencia masiva. Entonces empezareis a incorporar más de vuestra conciencia del alma dentro de vosotros mismos, construyendo así un nuevo y maravilloso centro de energía, el cual incorporará vuestra garganta/área del timo, vuestro corazón y plexo solar. Comenzarás a funcionar desde una realidad de conciencia del alma, no desde las frecuencias más bajas de la conciencia del ego y de la personalidad. Esto os permitirá expandiros hacia una conciencia más elevada de Cuarta Dimensión para que podáis integrar y equilibrar vuestros cuerpos emocionales y mentales en preparación para la entrada final en las frecuencias de la Luz Divina de Quinta Dimensión. Aquí es donde comenzareis a conectaros con lo que se llama vuestra Tríada Sagrada, un ser más grande de vuestro Ser-Dios. Es entonces cuando el proceso de Ascensión comienza realmente. Todo lo que estáis experimentando ahora es preparación para esta gran transformación.

La Tierra ha anclado ahora las frecuencias más altas de Cuarta Dimensión en preparación para su renacimiento. Es un gran regalo poder entrar en una nueva conciencia: una nueva y expandida conciencia cósmica. Amados, está sucediendo aquí y ahora, no en algún momento del futuro. La

Tierra se está moviendo rápidamente a través de su evolución y refinamiento, y si deseáis ser parte de esta bendita transformación también debéis refinar y elevar vuestras frecuencias vibratorias para estar en armonía con la Tierra y la Humanidad en evolución.

Queridos –y os hablamos a todos vosotros que estáis luchando por vuestra perfección–, no importa cuál sea el nivel de vuestros patrones de frecuencia actuales; lo más importante que debéis hacer en este momento es enfocaros en cada día, en cada momento, creando amor y armonía dentro de vosotros mismos y de aquellos que os rodean. No situéis la responsabilidad fuera de vosotros, en vuestra pareja, familia, amigos, empleador, o el gobierno; debéis asumir la responsabilidad de vuestro propio Ser. Debes darte cuenta de que tú eres el que puede marcar la diferencia; tú puedes cambiar tu vida para mejor, tú puedes hacer milagros. Eres más poderoso de lo que jamás podrías creer o imaginar. Tu tarea ahora es anclar, infundir y diseminar la Luz que está siendo derramada sobre vosotros, a través de vosotros, y hacia abajo en las profundidades de vuestra Tierra, así como a través de vuestro sistema solar. No estás pasando por esta transición solo. Tu éxito o fracaso afectará a este sistema solar, galaxia y subuniverso, así como a todo el resto de la Creación de Dios.

Sentimos tu incertidumbre, tu desesperación. Sabemos que en lo más profundo de tu ser estás preguntándote: «¿Todo esto puede ser verdad? ¿Es posible que realmente tengamos ayuda de los reinos invisibles y que verdaderamente haya grandes cambios en el futuro de la Humanidad y de la Tierra?».

¿Crees que has sido comisionado, nutrido y guiado durante todos estos muchos eones para que te abandonemos ahora? ¿Por qué crees que estamos haciendo todo lo posible, utilizando todos los recursos disponibles para ayudarte a sentir nuestra presencia y transmitir nuestros mensajes de esperanza y aliento? Sois parte de una gran legión de guerreros de la Luz, y cada uno de vosotros tiene un deber específico y un destino que cumplir. Estáis llegando a la culminación de todas vuestras amplias experiencias de aprendizaje y debéis estar listos para asumir vuestro propio papel en el monumental Plan ideado y decretado hace tanto tiempo por nuestro Padre/Madre/Dios y las poderosas fuerzas de la Luz.

Ahora quiero daros un ejercicio que será muy beneficioso, que os ayudará a atraer hacia vosotros cantidades crecientes de energía divina pura del Creador, ayudando así a anclar y limpiar el camino directamente hacia vuestro Ser Superior y la Presencia Yo Soy que se halla dedicada a vuestro crecimiento espiritual y a la reunificación.

Centrad vuestra conciencia un pie por encima de vuestra cabeza y sentid las pulsaciones de energía amorosa de nuestro Padre/Madre/Dios que comienzan a construirse y a surgir a vuestro alrededor hasta que os envuelvan completamente. Visualizadlas como una luz blanca dorada y brillante a medida que sentís que esta energía comienza a fluir gradualmente a través de vuestro centro de chacras-corona. Mantenedla ahí por un momento y sentid cómo aumenta su poder hasta que impregne vuestra cabeza, la glándula pineal, la glándula pituitaria, todas vuestras células cerebrales y vuestro chacra del Tercer Ojo.

Dejad que se acumule y se hinche hasta que sintáis que está lleno o completo, y luego dejad que fluya hacia el área de la garganta. Permitidle bañar las glándulas y los músculos de vuestra garganta, energizando y activando esa área para que, a medida que aprendáis y viváis la sabiduría de la Luz y el amor, también seáis capaces de transmitirla de forma clara y verdadera con discernimiento.

Ahora permitid que la energía permee el centro de vuestro corazón, sanando, limpiando, lavando el viejo dolor residual y la angustia, dejando así una inmensidad pura/pulsante de energía de Amor/Luz. Sentid la plenitud dentro del área de vuestro pecho y sed conscientes de que estáis construyendo vuestra armadura espiritual, para que ninguna energía negativa pueda penetrarla si os aferráis y permanecéis envueltos por esta infusión perfecta del Amor de Dios.

Sentid la energía limpiando y purificando vuestro centro emocional, el plexo solar, equilibrando y liberando cualquier recuerdo incrustado de soledad, dolor y sufrimiento. Recordad, el centro emocional es de suma importancia en este momento, porque el cuerpo emocional es el que debe ser llevado a un equilibrio completo y bajo control de vuestra Alma-yo, si queréis ganar los dones de la maestría. Un maestro está en todo momento en completo control de todos sus centros de energía y no se permite ninguna vacilación perturbadora. Entendemos que esta es un área muy difícil de conquistar. Sin embargo, siempre que comencéis a hacer un esfuerzo concertado, nosotros lo dirigiremos y os ayudaremos en todo lo posible para que esto se pueda lograr con la mayor facilidad y la menor cantidad de estrés.

Ahora, dejad que esta preciosa energía descienda a través del resto de vuestro cuerpo y de vuestro Ser, energizándolo y purificándolo, y permitid que el exceso fluya desde la punta de vuestros dedos y pies hacia la Tierra: un regalo de amorosa infusión desde vosotros hacia vuestro querido planeta para ayudarlo a liberar el estrés y el dolor mientras atraviesa su transición.

Puedes pensar que deberíamos enfocarnos en los chacras restantes y no detenernos en el plexo solar; sin embargo, te decimos: «Al leer esto, si sientes una conexión con nuestra energía y sientes la validación de la verdad de nuestro mensaje, entonces seguramente has cambiado tu conciencia a nivel del alma de tu Ser, lejos del ego y de lo puramente físico. Tu cuerpo y todas sus partes se beneficiarán y estarán equilibrados con la infusión de energía hasta los centros superiores y transmutadores de tu Ser». Aunque tenéis que existir y funcionar en el mundo material, os estáis enfocando en vuestro cuerpo de Luz, no en vuestro cuerpo físico. Vuestro ser físico solo puede seguir su camino hacia la perfección.

Si es posible, tómate tiempo para hacer este ejercicio mañana y noche. No hace falta que emplees muchos minutos y será de gran beneficio. Abrirá el camino para que podamos estar en contacto directo con vosotros, para que podamos aconsejaros y protegeros en todo momento. Veréis, vuestra devoción y vuestras emanaciones amorosas nos realzan y también nos fortalecen a nosotros, igual que lo hacen con vuestros hermanos y hermanas de los reinos físicos de la existencia.

Cerramos ahora, pero no os dejamos desatendidos. Estáis rodeados y protegidos, y como siempre, sois muy amados por la Jerarquía Espiritual y los Maestros de la Luz. Yo Soy el Arcángel Miguel y os traigo estas verdades.

CÚBRETE CON TU ARMADURA ESPIRITUAL

Amados hijos de la Luz: vuestra conciencia y percepción de lo que está sucediendo a vuestro alrededor y también en otros reinos y dimensiones está creciendo diariamente. Estáis realmente comenzando a funcionar en un nivel multidimensional. Lo que esto permite es una integración de las formas de pensamiento y la entrada a los reinos superiores. Cuando tienes la habilidad de acceder a la información de forma directa, ya no tienes que depender de fuentes externas, y por lo tanto, estarás funcionando desde una perspectiva espiritual.

Aunque no siempre despiertes de tu tiempo de sueño con plena conciencia, no dudes que en tu estado de sueño eres muy activo. Se os está enseñando, se os está entrenando de varias maneras, y la transmutación de vuestro cuerpo interior se está acelerando y refinando. Gran parte del proceso de iniciación se realiza durante las horas de sueño, cuando vuestro cuerpo espiritual está libre de las restricciones de vuestro cuerpo físico. Pronto llegará el momento en que estaréis al tanto de estos procesos, pero por ahora permitidnos aseguraros que esto está sucediendo.

Estáis comenzando a sentir los resultados del proceso de transformación, el cual está trabajando desde el nivel más profundo de vuestro Ser hacia afuera. Primero, os disteis cuenta de la expansión en el área de vuestro corazón/alma o chacra del corazón, la plenitud y el deleite de la aceptación total y amorosa. La toma de conciencia es el primer paso y la integración lo sigue de cerca. Comenzasteis a notar como os sentisteis cuando os mantuvisteis enfocados en el centro de vuestro corazón y abiertos a la guía de vuestra conciencia superior o Ser Superior. También notasteis la diferencia cuando salisteis de esta unidad y regresasteis al pensamiento de Tercera Dimensión. Os sentíais incómodos y pesados, y querías recuperar esa sensación de alegría, luz y encanto. Esto ha marcado la pauta de vuestros procesos de aprendizaje durante el último año más o menos. Luego, gradualmente, comenzasteis a sentir la ligereza arrastrarse a otras partes de vuestro cuerpo, hasta que ahora a veces os sentís como si estuvierais llenos de Luz. Os sentís tan llenos de esta maravillosa sustancia que, de vez en cuando, parece como si estuviera empujando vuestro cuerpo y expandiéndolo. O bien podéis tener una sensación de vacío, como si el verdadero tú estuviera siendo restringido por los límites de tu ser físico. Estos son sentimientos y conceptos nuevos para ti, y no siempre son cómodos.

Puedes mirarte en el espejo y no ver mucha diferencia, así que te preguntas por qué te sientes tan diferente por dentro. ¿No es cierto? No dejéis que las apariencias externas os engañen, queridos. Hay varios procesos en curso en este momento en vuestro ser físico y espiritual. Primero de todo, vuestros cuerpo espiritual, cuerpo etérico y conciencia han dado un salto tan gigantesco hacia adelante y tomará tiempo que el resto de vuestros cuerpos inferiores se pongan al día. En segundo lugar, todavía estáis trabajando para liberar la energía vieja, impactada y anticuada almacenada en vuestras células y órganos. También, todavía estáis liberando viejos condicionamientos, que están almacenados en vuestras células de memoria desde muchas eras pasadas. Salir del pensamiento de la conciencia de masas tridimensional y de los patrones de energía es algo muy valiente y difícil de hacer. No solo estáis luchando (en cierto sentido) contra vuestros propios patrones de pensamiento y condicionamiento, sino contra el de la conciencia de las masas, que llena los planos astrales inferiores y rodea vuestra Tierra. Esta es una de las razones por las que es tan importante cubrirse de protección, Amor/Luz y energía. No es que el «hombre del saco» te vaya a atraer o que alguna energía realmente negativa y destructiva te vaya a afectar de alguna manera; no, es porque has evolucionado más allá de esos patrones de frecuencia y ya no estás sujeto a esas energías más bajas. Sin embargo, durante algún tiempo todavía serás vulnerable a los patrones de energía emocional, procesos de pensamiento y conceptos populares de las masas que se arremolinan como torbellinos en los éteres que te rodean.

Así que necesitas ser consciente y envolverte con tu armadura espiritual, especialmente durante estos tiempos en los que tantas cosas negativas están sucediendo en tu mundo. Parecerá que se pone peor y peor, y lo hará hasta que haya un cambio en la conciencia de un número suficiente de personas, y luego, gradualmente, comenzará a mejorar. Vosotros, que estáis protegidos por la Luz, y aquellos de vosotros que os habéis elevado por encima de la negatividad de Tercera Dimensión, os sentiréis como si estuvierais en el hermoso ojo de la tormenta, en la serenidad tranquila de un refugio seguro, y así será.

Manteneros distantes y mantener vuestra naturaleza emocional en equilibrio es muy importante. Con esto no queremos decir que no sintáis o expreséis amor o reconozcáis vuestra naturaleza emocional; es una parte importante de vuestro ser. Aquellos que están a nuestro alrededor pueden pensar que sois insensibles cuando no expresáis una gran angustia o preocupación por situaciones que se enfocan o suceden a vuestro alrededor. Sin embargo, no es el caso. Debéis asumir el elevado punto de vista de los Maestros: tranquilos, suavemente, con amor, permaneciendo al margen, observando, ayudando cuando sea posible, pero permitiendo, no juzgando, pues sabéis que todo lo que está sucediendo es por una razón y tiene un propósito. Esparcid vuestra luz y presencia amorosa tan lejos y tanto como sea posible, queridos. Aconsejad a los que son guiados hacia vosotros. Por vuestras acciones seréis conocidos, y aquellos que tienen necesidad de vuestra Luz y sabiduría serán atraídos hacia vosotros.

No os preocupéis por la limpieza de viejos patrones de energía o cuestiones kármicas. Si no teméis los cambios necesarios y dais permiso a vuestro Ser Superior para que supervise el proceso, el tiempo y la transmutación de la Llama Violeta harán trabajar su magia a favor vuestro.

Muchos de vosotros habéis esperado ansiosamente la llamada al servicio. Habéis pedido y orado para que vuestra misión os fuera clara. Os decimos, queridos, comenzad desde donde estéis en este momento, comenzad a vivir, respirad y transmitid a los que están cerca de vosotros el poder y el amor de la verdad y la inspiración que sentís. Difundid la creencia de un nuevo y brillante futuro, del bien intrínseco de vuestro prójimo y de los demás seres humanos. La Verdad y el Amor engendran Verdad y Amor cuando se construyen y os rodean, y cuando hayáis creado excedentes, debéis transmitirlos al mundo que os rodea. La desesperación, el odio y el miedo agravan estas energías y os atrapan en sus garras. Siempre comienza contigo y se extiende hacia afuera. ¿Qué mundo estás construyendo para ti y para tus seres queridos?

A medida que ganes fuerza espiritual, más y más se abrirá para ti: nueva conciencia, nuevos dones espirituales, nuevas relaciones. Puede que pierdas viejos amigos y conocidos, pero serás conducido a nuevos grupos dinámicos y amistades, aquellos con los que tienes un destino, una unidad de propósito. Las oraciones siempre son contestadas, como sabéis, pero en el momento mejor y más apropiado, cuando se ponen en manos del Espíritu. Solo sabed que el momento más emocionante de vuestras vidas se acerca rápidamente y que no querréis mirar atrás o regresar a vuestra antigua forma de ser cuando esto suceda.

Vivid el día a día, amad el momento. Permaneced en el centro de vuestra alma y en el centro de vuestro corazón. Dales a aquellos que te necesitan tu devoción amorosa, y atiende las tareas cotidianas mundanas. Tus súplicas de servir y tu deseo de ayudar a la Humanidad no han pasado desapercibidas; te escuchamos a ti y a todos los que son como tú. El tiempo para dar un paso adelante y tomar tu estandarte espiritual se está acercando rápidamente.

Os estáis acercando rápidamente a la hora del cambio trascendental. Cambios que han sido predichos durante muchos eones pasados y que han resonado a través de las edades. Es como si vuestra Tierra, el sistema solar, la galaxia y este subuniverso estuvieran en una pausa, aguantando la respiración, esperando la explosión de la energía cósmica para ir *in crescendo* y llevar todo al siguiente reino superior, más cerca de ese dominio puro y selecto de nuestro Padre/Madre/Dios y de Todo lo Que Es. Nos acerca cada vez más y nos asombra el glorioso futuro que nos espera a todos.

Pedid y escucharemos, llamaremos y nos uniremos a vosotros en vuestros esfuerzos, enviaremos todo el amor que tenéis y lo multiplicaremos por mil. Vuestra causa es nuestra causa, pues a medida que evolucionáis también evoluciona toda la Creación. Yo Soy el Arcángel Miguel.

TODA LA HUMANIDAD DEBE ELEGIR. EL TIEMPO DE DECIDIR ES AHORA

Amados hijos de la Luz: ¿cuál es el siguiente paso? ¿Adónde vamos a partir de aquí? Muchos de vosotros estáis haciéndoos estas preguntas y sentís incomodidad y malestar respecto a vuestro futuro inmediato. ¿Qué os deparan el futuro inmediato y los años venideros a aquellos de vosotros que estáis operando en la Luz, funcionando en Cuarta Dimensión y más arriba? Os decimos esto: habrá más y más manifestaciones físicas y experiencias concretas para validar los mensajes y la nueva conciencia que los reinos superiores han estado enviando para que se incorpore a vuestra realidad. Tendréis la confirmación de nuestra existencia y comenzareis a cosechar las recompensas de vuestra aplicación diligente, y la súplica de decretos de amor, mantras y oraciones.

Muchas de las antiguas lecciones y reglas del ser y del devenir ya no son válidas. Son obsoletas; has evolucionado más allá de ellas y de su aplicación. Por lo tanto, nuevas reglas, nuevas leyes, nuevos mensajes de sabiduría están surgiendo; mensajes que desafiarán tu imaginación, forzarán los límites de tu pensamiento y tu realidad. Habrá nuevos conceptos radicales, nuevas fórmulas para todo, desde la salud, las fuentes de alimentos, estilos de vida, formas de alcanzar niveles más altos de espiritualidad, hasta la aplicación científica de la energía electromagnética y el suministro de energía de la Tierra.

Habéis estudiado y aprendido sobre los Siete Grandes Rayos, el espectro de colores de vuestro plano físico, los siete centros de energía de vuestros cuerpos (o siete chacras), y habéis tratado de incorporar este conocimiento a vuestra vida diaria y conciencia. Os decimos, queridos, que ahora es tiempo de llevar este aprendizaje más allá, a vuestro futuro Ser. En vez de estar bajo la influencia de un rayo o color mayor y uno o más sub-rayos, ahora es de suma importancia que comencéis a incorporar todos los diferentes rayos y sus energías a vuestros cuatro sistemas corporales: físico, mental, emocional y etérico. Esto debe ser hecho para que también podáis comenzar a trabajar con los cinco rayos más altos y refinados que están siendo puestos a vuestra disposición. Ya no debéis concentraros en una sola área de esfuerzo, sino que debéis equilibrar todas las facetas de vuestra naturaleza. A medida que empezáis a fusionar y mezclar estas energías, a activar los centros de los chacras de vuestro cuerpo hasta que se fusionen en una Luz blanca, iridiscente y cegadora, y finalmente a activar los centros de energía octavo, noveno y superior, limpiaréis así el camino para vuestro Cuerpo de Luz de Quinta Dimensión perfeccionado y vuestra conciencia de átomo-semilla de Dios, vuestra Presencia Yo Soy.

Hablamos ahora a aquellos de vosotros que habéis trabajado diligentemente para crear una naturaleza amorosa y perdonadora, para caminar por el camino del no juicio y permanecer en comunión con vuestra Alma o Ser Superior. Notaréis que las luchas y los eventos angustiosos se están alejando cada vez más y son menos frecuentes dentro de vuestro círculo inmediato de experiencia. Os veis cada vez menos afectados por los eventos externos y por otras personas. Lleváis dentro del centro de vuestro corazón una gran cantidad de amor y compasión, pero no permitís que las cosas que transpiran fuera de vosotros tengan un efecto negativo en vosotros y en vuestro reino más perfecto de realidad. Estáis en el proceso de construir una realidad de Quinta Dimensión. Comienza dentro de tu núcleo más interno y se extiende hacia afuera. Primero te afecta a ti y a tu cuerpo, luego a tu casa y a tus seres queridos, y después a tu vecindario, a tu ciudad, y así sucesivamente, siempre expandiéndose en Luz y poder. Y a medida que tu realidad se conecta con la de tus hermanas y hermanos en la Luz, toma fuerza y se vuelve más poderosa y se construye más rápido. ¿Ves lo que estás creando con tus acciones dedicadas y con propósito de amor y poder de pensamiento?

A veces se produce una breve pausa en los patrones de alta frecuencia entrantes. Parecerá como si estuvieras en una «zona nula». Estas pausas os dan tiempo para asimilar la gran cantidad de energía acelerada que está siendo dirigida a vosotros y a vuestro planeta. Tomad ese tiempo para perfeccionar vuestras habilidades, para incorporar vuestro nuevo conocimiento y reforzar vuestras nuevas formas de actuar y de ser, porque después de cada pausa habrá de nuevo una aceleración y una infiltración de energía enfocada en vuestro planeta.

Toma la decisión ahora, con tu conciencia y tu interacción verbal con los demás, de que esta nueva infusión no traerá más destrucción, violencia y negatividad. Podéis enfocar y canalizar esta energía en formas, modos y logros positivos y no permitir que se desborde entre las masas de los no iluminados. Como guerreros de la Luz, os estáis volviendo más poderosos y sois capaces de asimilar más de la energía entrante y canalizarla hacia la acción positiva, en lugar de permitir que sea atraída y usada por aquellos que operan desde la codicia y la autodestrucción.

Concentrad vuestra atención y enviad pensamientos positivos y refuerzos amorosos a vuestro gobierno. Hacedle saber que ya no se tolerarán la ineptitud y la corrupción, ni a los legisladores egoístas para dirigir vuestro país. Hacedles saber que ellos serán responsables, y tú no te quedarás quieto y no les permitirás desgastar tu país con la bancarrota y el olvido, o enviar a sus preciosos y valientes jóvenes a ser sacrificados a destructivas guerras sin sentido, en las que nadie sale vencedor.

La red cósmica de conciencia espiritual se está estrechando cada vez más. Se está energizando y afinando para que todos aquellos que no están sincronizados con ella se sientan más insatisfechos, más incómodos y más frustrados. Se verán obligados a adoptar una postura: ya no se les permitirá, por así decirlo, «esconderse detrás de la barrera». Se les dará la oportunidad de aceptar el camino de la Luz y la verdad. Recuerda, sin embargo, que la ley del libre albedrío todavía está vigente y debe ser elección vuestra. Por lo tanto, los años venideros presentarán una gran disparidad en las vidas de las personas: aquellos que han escogido el camino de la Luz y la vida verán maravillosos milagros sucediéndoles a ellos y a su alrededor, y aquellos que escogen permanecer en la prisión tridimensional de la oscuridad y la negatividad verán que los lazos de esta prisión se estrechan y se vuelven más restrictivos hasta que griten de angustia. Algunos elegirán entonces rendirse y se les mostrará el camino y serán conducidos fuera de las tinieblas hacia la Luz. Pero muchos permanecerán tan enredados y atrapados en sus hábitos y viejas formas de pensar y de ser que no podrán liberarse. Estas son las pobres almas que experimentarán los eventos cataclísmicos y las fuerzas destructivas manifestadas por sus propias formas de pensamiento negativas.

Enviad vuestros pensamientos amorosos de paz y el poder mágico de la Llama Violeta Transmutadora pero no os involucréis con la energía negativa o los patrones de miedo de las masas. Manteneos alejados y distantes con vuestras emociones. Ayudad de cualquier manera en que seáis guiados, ya sea física, mental o espiritualmente, pero permaneced en vuestra realidad de Cuarta y Quinta Dimensión. Os lo advertimos, queridos, esto es de mucha importancia; no serviréis para nada y no haréis nada bueno si permitís que vuestras emociones y vuestros cuerpos mentales se atrincheren una vez más en las restricciones de la energía negativa.

Permaneced siempre como observadores, permaneced siempre centrados en el corazón y en el alma, de modo que recurráis a vuestra fuerza superior y a la sabiduría de los reinos invisibles que hay a vuestro alrededor. Guarda tus pensamientos y tus palabras, disciplina tus patrones de pensamiento y tu naturaleza emocional, y pronto caminarás entre los Maestros. Vuestro momento de graduación se acerca, mis amados. Vuestras rutinas diarias pueden parecer las mismas; a veces excitantes, a veces aburridas, pero confiad en nosotros cuando os decimos que hay mucho más en marcha y que se está logrando mucho más de lo que podéis imaginar. Reuníos para una interacción amorosa y un refuerzo entre los que compartís el mismo tipo de espíritu y sabed que donde os reunís nosotros también estamos con vosotros.

Yo Soy el Arcángel Miguel y os traigo estas verdades.

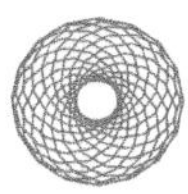

ABUNDANCIA PERSONAL
Y PLANETARIA

Amados hijos de la Luz: nuestro mensaje de hoy es ayudaros a ser más conscientes de vuestros procesos de pensamiento y animaros a liberar conceptos viejos y anticuados. Es sumamente importante que comencéis a pensar con claridad y a enfocaros en las emociones y formas de pensamiento que emitís a lo largo del día y de la noche, ya que a medida que comencéis a funcionar en las dimensiones superiores Cuarta y Quinta, estas se manifestarán muy rápidamente. ¿Estáis creando belleza, paz y armonía, o estáis contribuyendo a la negatividad que está proliferando por todo vuestro mundo?

En concreto, hablemos de abundancia. Hoy en día existe una gran preocupación por los puestos de trabajo, el dinero o la falta de él, la incertidumbre sobre el futuro y una frustración indefensa sobre cómo alimentará y cuidará la Humanidad a todos los seres humanos. ¿Qué opináis de la abundancia? ¿Creéis que merecéis amor, salud, riqueza y prosperidad? Quizás penséis que sí y afirmáis día tras día que la riqueza y la prosperidad son vuestras, y sin embargo miráis a aquellos que tienen una gran riqueza con desdén y desconfianza. Los juzgáis por no compartir y usar su riqueza para el bien de todos, o pensáis que son frívolos e indignos. ¿Sabéis que vosotros también habéis abusado de la riqueza y el poder en muchas, muchas vidas? Debéis daros cuenta de que esto también es parte del proceso de aprendizaje. Permitid que otros aprendan sus lecciones a su propia manera y a su debido tiempo, y no actuéis como su juez y jurado, cerrando así la puerta a vuestra propia prosperidad.

Se necesitan tiempo y evolución del alma para aprender que una gran riqueza en sí misma no traerá felicidad. Mirad a vuestro alrededor y ved cuántos de los que son miserables y están descontentos son los que tienen grandes riquezas. Esto debería deciros algo.

Toda la belleza y la abundancia, opulencia y riqueza del Universo son para quien las pida; sin embargo, hay reglas y responsabilidades que van con estos dones, como con cualquier otro. Debéis sostener estos regalos con ligereza en vuestras manos y en vuestro corazón, y saber que os han sido prestados y que debéis dejar que fluyan a través de vosotros y hacia afuera para ser compartidos por todos. Entonces se os darán cosas aún mayores. La abundancia de todas las cosas es derecho de nacimiento divino vuestro; sin embargo, no es vuestro para alardear y esconderlo; no es apropiado gastar todo vuestro tiempo y energía en mantener o tratar de aferraros a vuestros tesoros. Es vuestra concepción errónea de las riquezas, vuestro apego emocional y la importancia equivocada que le dais al dinero y a las posesiones lo que genera problemas e infelicidad.

Habéis leído y os han enseñado que debéis soltar todo al Creador, que debéis estar dispuestos a renunciar a todo lo que amáis en el mundo, y esto es verdad. Solo entonces, paradójicamente, se os dará todo, porque os habréis dado cuenta de que las riquezas no son lo que trae alegría y felicidad. No es en la riqueza donde reside vuestra seguridad y bienestar, sino en vuestra conciencia espiritual, donde todas las cosas son posibles para vosotros. Entonces podréis disfrutar de una vida generosa y caminar con maravillosa belleza y gracia mientras manifestáis el Cielo en la Tierra: la forma en que la Tierra estaba destinada a ser y será en un futuro no muy lejano.

Debes preguntarte: «¿Qué creo realmente acerca de mi abundancia?». Debes profundizar en tu mente subconsciente y resolver cualquier conflicto que puedas tener de vidas pasadas o presentes. Esto es para que vuestras mentes conscientes y subconscientes estén en armonía con vuestro Ser Superior. Entonces estaréis listos para aceptar todo lo que es bueno y perfecto. Entonces permitiréis que la abundancia fluya libremente hacia vuestra vida y hacia el mundo.

No tengáis miedo de desear y pedir grandes riquezas y recompensas para que podáis mostrar a otros cómo deben ser usadas y distribuidas para el bien de todos, no para hacer que otros dependan de vosotros, o sea benefactores con una actitud de ser más santos que otros, sino para crear oportunidades, para inspirar, para ayudar a establecer una distribución más equitativa de la riqueza entre aquellos que se esfuerzan por mejorarse a sí mismos, y para aquellos que están alcanzando su propósito más elevado. Qué maravilloso regalo que dar o recibir.

La riqueza de vuestro país y del mundo será redistribuida en un futuro no muy lejano. Se les quitará a aquellos que no la han ganado con honestidad y que operan desde una mentalidad de avaricia, exceso, poder y auto-importancia. Los países y los individuos verán que su riqueza comienza a desaparecer, a escurrirse de sus manos y a dejar de fluir. De modo milagroso será puesta en manos de aquellos que han evolucionado a un estado superior de ser y autoconciencia para que pueda ser canalizada para el uso y beneficio de toda la Humanidad. Será puesta en manos de aquellos que se dan cuenta de que toda la Humanidad es digna de abundancia, alegría y una coexistencia pacífica.

Cuando una persona o cualquier grupo o raza está enferma o sufre de privación, el todo sufre, como cuando tu cuerpo sufre si desarrollas cáncer o cualquier otra enfermedad que amenaza tu vida. La enfermedad permanece aislada por un tiempo, pero luego se extiende rápidamente a todo el ser, debilitándolo, hasta abarcar y destruir todo el cuerpo.

Incluso las personas sin hogar, especialmente en países con climas moderados y entornos hermosos, deberían estar agradecidas de no ser personas sin hogar en África o Asia o en muchas de las otras tierras más duras del mundo. Tienen mucho por lo que estar agradecidos y si cada día se responsabilizaran de su abundancia y crearan un sentimiento de acción de gracias y de expectativa, verían que suceden cosas milagrosas. ¿Por qué tienen que estar agradecidos?, podríais preguntaros. Por el clima templado, por el sol, por la gente compasiva que les da ánimos y les ayuda cuando es posible, por la tolerancia, y sí, por una gran cantidad de comprensión. Hay almas queridas que se dedican a alimentar y nutrir a estas personas, y que dan desinteresada y amorosamente su tiempo y energía. Por supuesto, son dignas de elogio y serán bendecidas por sus esfuerzos.

Esto nos lleva a otro concepto erróneo. Muchos de vosotros os sentís culpables o confundidos porque pensáis que no estáis haciendo lo suficiente por esta causa. Permitidnos aclararos esto. Cada uno de vosotros vino a esta vida y a cada vida con una misión específica, un destino que cumplir. Cada uno de vosotros en muchas vidas ha sido un servidor de la Humanidad, mártir por una causa, y ha sacrificado su comodidad y bienestar por los demás. Vosotros, que sois la vanguardia de la Nueva Era, los portadores de la Luz, tenéis una misión diferente, una misión de mayor alcance. No habéis sido dirigidos para administrar a aquellos que tienen necesidad de nutrición y alimento para el cuerpo, sino para nutrir a aquellos que buscan alimento y sustento para el alma. Cada uno es de igual importancia, porque ¿cómo puede un ser alcanzar la perfección espiritual si no tiene alimento y consuelo para su ser físico? Así que nunca te sientas culpable por no estar físicamente implicado en la alimentación y el cuidado de los necesitados. Vosotros, en concierto con los reinos superiores, estáis enfocando y canalizando una nueva conciencia, un nuevo nivel de evolución, por el cual algún día todos os daréis cuenta de que no hay tal cosa como la escasez, la privación o la carencia en los estados superiores del ser: ese es vuestro destino.

A medida que el nivel vibratorio de la Tierra se eleva y expande, y a medida que el cuerpo humano comienza a resonar en una sintonía más fina, gradualmente llegará a la conciencia de la masa que tienen derecho a toda la abundancia y riqueza que puedan imaginar. No tendrán que guardarse sus riquezas o sus fronteras o cerrar sus puertas, porque estará ahí para que todos participen y disfruten de ella.

Oh, la alegría que se producirá cuando de verdad expandáis los límites de vuestra conciencia y veáis a toda la Humanidad como vuestros hermanos y hermanas. Las compuertas de toda la abundancia de la Creación se abrirán y fluirán libremente a través de vuestra Tierra. Hermandad, paz y abundancia; este es el significado de la Nueva Era, queridos. No sucederá mañana ni el año que viene, pero está empezando y se está expandiendo rápidamente. Vuestro gobierno y otros en el mundo están lentamente adquiriendo un corazón y una nueva conciencia. Están empezando a entrar en el centro de vuestro corazón, y gradualmente van asumiendo la responsabilidad de sus acciones y del bienestar de la gente. El poder, el control y las actitudes egoístas ya no serán tolerados y no podrán ser ocultados.

No es por vuestro beneficio el que hagan más por vosotros, pero es su responsabilidad actuar como líderes, dirigentes compasivos y ejemplos, y permitir que cada país, estado, comunidad y persona tenga la oportunidad de llegar a ser consciente de sí mismo y autosuficiente. No se necesita más intervención, sino más dirección y ejemplo por parte del gobierno.

Y así, queridos, comenzad a afinar vuestras emociones y vuestros procesos de pensamiento. No dejéis que la agitación y la agonía de los acontecimientos mundiales tiñan vuestra percepción de la perfección. Permaneced enfocados en vuestra afirmación de paz, abundancia y armonía, porque comienza con vosotros y se extiende hacia afuera. Cada paso, cada logro que alcanzáis en vuestra evolución espiritual hacia la perfección es una contribución al Todo. El dicho: «Que haya paz y que empiece conmigo» es más profundo y dinámico de lo que nunca imaginasteis.

A medida que avancéis en los trascendentales años venideros, haced un balance serio de lo que habéis logrado. ¿Hasta dónde habéis llegado y qué ha pasado? Considerad seriamente lo que necesitáis liberar y resolverlo dentro de vosotros mismo y de vuestro mundo inmediato. No dejéis que comience un nuevo año con desarmonía en ninguna área −ya sean relaciones, trabajo, asuntos no resueltos dentro de vosotros mismos−, lo que sea que os esté impidiendo daros cuenta de vuestra comunión e interacción con vuestra alma y vuestro Ser Superior. Maravillosos regalos de conciencia os esperan, queridos.

A medida que despejéis el camino de comunicación e interacción con esa parte más grande de vuestro Ser, comenzaréis a daros cuenta de cuán limitados os habéis vuelto. Es hora de que asumáis vuestra verdadera identidad. Prometeos a vosotros mismos que alcanzareis el regalo de la totalidad; que vuestro objetivo principal a partir de este momento es reuniros con todas las miríadas de partes de vosotros mismos para que volváis a ser esos hermosos Seres de Luz que originalmente vinieron a esta Tierra hace tantos eones. Haced de esta vuestra misión. Estamos siempre cerca para ayudaros en cada paso del camino. Soy vuestro guardián y protector. Yo Soy el Arcángel Miguel.

¡SE HACE SONAR EL TOQUE DE CLARÍN PARA UNIRNOS!

Amados hijos de la Luz, nosotros, los mensajeros y siervos del Creador hacemos sonar el Clarín de Cali de nuevo para que todas las poderosas fuerzas y legiones de Luz se unan. Vosotros, que habéis estado dispersos a través de las edades y a lo largo del Universo, estáis ahora reunidos aquí en el bendito planeta Tierra para ayudar en el nacimiento de una nueva conciencia, una nueva unidad, una nueva realidad. Habéis sufrido la separación de vuestra familia espiritual, de vuestra conciencia superior, de vuestro sentido de unidad con la Mente Dios. Habéis permitido ser arrastrados a la red y a las restricciones de la dualidad: la dualidad de vuestra función cerebral; el establecimiento de un yo-sombra, el cual creíais que era vuestro enemigo, y por lo tanto haber tenido que negarlo y luchar contra él para conquistarlo y vencerlo. También, una dualidad fuera de ti mismo de energías masculinas y femeninas sin darte cuenta de que ambos «fragmentos de ti mismo» estaban activos y funcionando dentro de ti. Tu lucha es equilibrar estas energías internas, no las externas, que validan tu imagen de la realidad.

Habéis generado riquezas y abundancia, y luego carencias y privaciones. Habéis creado escuelas de gran conocimiento, olvidando que el conocimiento debe ser integrado y vivido para convertirse en «sabiduría». El conocimiento sin sabiduría es hueco y solo conduce a un desbarajuste de la mente con hechos y cifras. No os ayuda a crear un sentido de equilibrio y armonía. Con el tiempo, llegasteis a considerar a vuestro ser físico, vuestro ego y vuestra mente como los gobernantes de vuestro Universo, y pusisteis al Espíritu y a Dios en algún lugar «ahí fuera» más allá de vosotros mismos, lejos de vuestro alcance. Empezasteis a creer en un sistema de lo bueno y lo malo, lo correcto y lo incorrecto, lo ligero y lo oscuro, lo fuerte y lo débil, lo santo y lo malo, lo superior y lo inferior, vosotros con vuestros conceptos e ideas frente a las de todos los demás. El equilibrado Plan Divino —el espectro de la dualidad y la polaridad— se volvió «desequilibrado e inarmónico» a medida que la Humanidad se hundía en la densidad de Tercera Dimensión.

Todas estas cosas, que crearon y potenciaron el sentimiento de separación y soledad, fueron usadas por aquellos que buscaban ganar fuerza y dominación mediante la división y la conquista. ¡Ese tiempo ha pasado, queridos! Es hora de reuniros, de reclamar vuestra soberanía como «seres de Luz conscientes de Dios», y como miembros de las legiones de Luz que buscan la unidad y la justicia para toda la Humanidad.

Primero, debéis reunir todas las miríadas de partes de vosotros mismos en un armonioso, amoroso y vibrante vehículo de Luz. Debéis restablecer la comunión y la armonía de la estructura de vuestra cerebro, dándoos cuenta de que es una unidad perfecta de sabiduría y poder en pleno funcionamiento. Esto activará muchas de vuestras habilidades latentes que han disminuido con el paso de los años debido a la falta de uso. Debéis realinear y reunir las energías masculinas y femeninas que hay dentro de vosotros sanando y armonizando todos los conceptos erróneos inarmónicos que habéis asumido como vuestra verdad durante muchas edades pasadas. Es de vital importancia que irradiéis Amor/Luz a vuestro ser de sombra. Resistir, culpar o negar vuestras maldades solo las fortalece. El Amor/Luz de Dios es el elixir mágico de la transformación.

Debéis dejar de buscar fuera de vosotros mismos la validación de la autoestima, el amor, el éxito y la verdad. Tenéis dentro de vosotros todo lo que es necesario para la conciencia espiritual, la felicidad, la abundancia, y sí, para la Ascensión. Tenéis dentro de vosotros vuestra propia chispa divina de Dios; vuestro propio átomo-semilla de Dios. Dios no está «ahí fuera, en un lugar elevado y fuera de vuestro alcance». Una faceta de nuestro Padre/Madre Dios reside en vuestro Sagrado Corazón.

La sabiduría y el conocimiento divino que hay dentro de vosotros, que fue encerrado dentro de membranas de Luz y alejado de vuestra conciencia por todas estas muchas eras pasadas, está gradualmente siendo puesto a vuestra disposición. A medida que elevéis vuestros patrones vibratorios y os conectéis con los reinos superiores de la Luz, tendréis acceso a las bibliotecas vivientes del conocimiento cósmico. Cuando eso ocurra, vuestra comprensión de las Leyes Universales y vuestra conciencia cósmica se expandirán a pasos agigantados.

También era necesario que estuvierais divididos y separados de vuestra llama gemela y de vuestra familia espiritual para que pudierais funcionar por vosotros mismos, desde vuestro propio poder, perfeccionando vuestras habilidades cocreativas a medida que ganabais experiencia, y a través del ensayo y el error aprendíais vuestras lecciones. Vosotros sois una faceta integral o parte de la unidad familiar de vuestra alma espiritual y del Todo Divino, agregando una unicidad que solo vosotros podéis proporcionar. Por lo tanto, era necesario que os pusieras en marcha, aparentemente solos, únicamente vislumbrando vuestro complemento divino y vuestra familia espiritual de vez en cuando; mayormente en sueños. Y sin embargo, de vez en cuando, cuando estabais tambaleándoos o cerca de la derrota, os encontrabais con uno de vuestros compañeros de alma en lo físico que os daba valor y esperanza para continuar vuestro largo y a menudo doloroso viaje.

Estamos aquí para deciros que esos tiempos están llegando rápidamente a su fin, mis valientes. Estáis experimentando el encuentro con vuestra familia espiritual, uno por uno: en glorioso, cálido reconocimiento, y con un sentimiento de amor y unidad más allá de toda comparación. Por fin ya no tendréis que luchar solos porque cada uno de vosotros tiene una riqueza de sabiduría, conocimiento y talentos que compartir, junto con la fuerza y el coraje para aventurarse en territorio incierto e inexplorado, mano a mano, hombro con hombro, unidos en un propósito amoroso, apoyándoos unos a otros, animándoos, alentándoos, elevándoos, ganando nueva conciencia y poder a través de la sinergia y la dinámica de la conciencia de unidad.

Muchas llamas gemelas están siendo milagrosamente reunidas para completar juntas su última vida en lo físico en la Tierra. Por fin, reunidas en su totalidad, cada una de ellas trae un complemento divino, no buscando una parte faltante, sino una mejora el Todo. Muchos de vosotros que elegiréis completar esta experiencia de vida sin pareja, encontrareis que todas vuestras necesidades de amor y apoyo emocional son proveídas por una miríada de personas, hombres y mujeres, de una manera tan maravillosa y gratificante que no se perderán las relaciones uno a uno que una vez sentisteis que eran tan importantes.

Queridos, os estamos pidiendo que comencéis el proceso de integración interior; no importa lo desesperados o desamparados que os sintáis. Hemos establecido una poderosa fuerza de ángeles, maestros y ayudantes a vuestro alrededor para que todo lo que tengáis que hacer sea expresar el deseo, y el camino se abrirá; tu camino te será claro. Ya no hay tiempo para dudar. Se te ofrece un regalo más allá de toda comparación, pero debes dar tu consentimiento y abrir tu corazón y tu mente para recibirlo.

Examinad todas las áreas de vuestra vida que están desequilibradas, donde hay desarmonía y desunión. Veos encerrados en una Luz ardiente de conciencia divina y pedid que se os muestren las áreas que más atención necesitan. Dejad ir los viejos y desgastados escudos de protección de energía: vanidad, duda de vosotros mismos, miedo, sentimientos de aislamiento e indignidad. Prometeos a vosotros mismos, aquí y ahora, que alcanzareis desde el centro de vuestro corazón, con amor y anhelo, la reunificación de todo vuestro Ser, el auto-maestro en el que os estáis convirtiendo, y luego las muchas, magníficas almas que componen vuestra familia espiritual. Este es el paso gigantesco que se os pide que deis.

Esta es la llamada que estamos haciendo: «Uníos, amados, es hora de reunir de nuevo nuestras fuerzas, de prepararnos para la poderosa marcha a través de los Cielos, restableciendo el dominio y el poder de todas las legiones de Luz, ¡las fuerzas de nuestro Padre/Madre Dios!».

El establecimiento del Cielo en la Tierra solo puede suceder a través de la fuerza unificada de toda nuestra familia espiritual. Tú y todos aquellos que son como tú sois vitales para el esfuerzo. Es por eso por lo que viniste a este lugar hace tanto tiempo. Es por eso por lo que se te permitió regresar en este momento en particular. Muchos pidieron venir; sin embargo, solo aquellos que han aprobado el curso de una manera u otra recibieron permiso.

Pronto vendrá lo que podríamos llamar un «bombardeo mediático» y será a nivel mundial. De una manera que nunca podrías imaginar, la nueva conciencia será llevada a las masas. Ya está creciendo lentamente, a través de películas, la televisión, artículos de noticias, libros, y lo más poderoso de todo, del boca en boca. El tiempo de aislamiento y secretismo de vuestra misión como guerreros de la Luz ha terminado. Las masas se agitan y empiezan a reclamar información, respuestas y soluciones. Preparaos, queridos, muchos de vosotros habéis pedido conocer vuestra misión; pronto no tendréis ninguna duda.

Nos regocijamos en la anticipación. Nos deleitamos en vuestro éxito, guerreros valientes y fieles. Permitid que vuestros corazones se llenen de alegría y amor, y sabed que el tiempo de la reunión está cerca.

Yo Soy el Arcángel Miguel.

EL CAMINO

El camino de ida que recorremos
está lleno de pena y dolor,
pero debemos experimentarlo todo para lograr
sabiduría y perfección en este plano terrenal.
Cuando por fin tomamos el camino interior
a ese lugar resplandeciente y perfecto,
empezamos la larga subida hacia arriba
donde, de nuevo, veremos la cara de Dios.

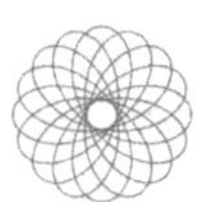

ACEPTE SUS MIEDOS, ACEPTE NUESTRO RETO

Amados hijos de la Luz, Yo, el Arcángel Miguel, vengo a vosotros en este día poderoso y significativo, día de luna llena y también de eclipse total de luna. La luna representa la plenitud de tu naturaleza: tu fuente intuitiva y creativa, tu Yo brillante y poderoso. El eclipse representa tu sombra, el oscurecimiento o la supresión de tu espíritu o tu miedo. Mirad vuestros miedos, queridos, porque ellos son las mismas emociones que debéis abrazar, que debéis enfrentar. Vuestros miedos son lo que os impiden tener un poder dinámico, vuestra maestría. Vuestros miedos son los que os mantienen a muchos de vosotros en esclavitud en la realidad tridimensional de limitación y sufrimiento.

Una vez más, os aseguramos que no temáis nada que temer. Muchos de vosotros estáis atrapados en la «era del cataclismo»; teméis que el caos y la destrucción estén en el horizonte. Pero por otro lado también teméis que no suceda, porque si no lo hace, ¿cómo sabréis que la Nueva Era está realmente aquí y que todo lo que se os ha dicho es verdad? Queréis creer todas las historias de los tiempos maravillosos que se avecinan, pero ¿cómo podéis estar seguros? Mirad a vuestro alrededor, mirad hacia adentro, ¿no podéis ver la gran diferencia que se ha producido en la última década? Tal vez vuestro mundo no esté cambiando. Tal vez estéis tan atrapados en el miedo y la negación que no os permitáis aceptar y apoyar la nueva conciencia y la conciencia expandida que está impregnando a un gran número de personas alrededor del mundo.

Convertíos en amigos y compañeros de vuestros miedos. Enfrentaos a ellos de frente y afirmad que usareis esta energía para producir resultados positivos, no para el estancamiento. ¿Tienes miedo de convertirte en un maestro por la responsabilidad que eso conlleva? ¿Dudas en aceptar tu creatividad y usar tus talentos porque temes ser juzgado y piensas que tus esfuerzos no serán lo suficientemente buenos? ¿Temes volverte demasiado «diferente» y que tu familia y tus amigos te pongan en ridículo o te rechacen? ¿Temes que si sales al mundo desconocido y confías en tu espíritu para que él te apoye en la manifestación de tu abundancia, te empobrecerás? ¿Temes tener éxito y no estás seguro de poder manejar la responsabilidad de ese éxito? ¿Cómo lo sabrás, cómo podrás saberlo a menos que aceptes el desafío y te adentres en lo desconocido, en territorio inexplorado?

Os decimos esto: o seguís adelante y aceptáis el desafío, o vuestro espíritu os forzará a enfrentaros a cualquier asunto que sea importante para vuestro crecimiento. Esto puede significar tener que confrontar vuestros peores temores después de que se hayan manifestado. Así como evitáis lo que es mejor para vuestro crecimiento, así también seguramente eso se manifestará en vuestra realidad. Es un tiempo de despertar, queridos, el tiempo de buscar cobijo y del retraso han terminado. ¿Por qué no usar los vibrantes dones que se os ofrecen para moveros con gracia y facilidad por todos los asuntos pendientes que necesitan ser resueltos?

Muchos de vosotros estáis experimentando pruebas y ensayos en vuestra vidas diarias, pero no estáis atrapados en la negatividad. Veis estas situaciones como lo que realmente son: energía de poca calidad siendo traída a la superficie para que pueda ser transformada de nuevo en equilibrio y armonía. Estáis aprendiendo a moveros a lo largo de vuestros días en el sereno conocimiento de que todo es como debe ser, de que «esto también pasará». Estáis practicando el arte de la co-creación, de convertiros en auto-maestros. Un auto-maestro debe servir a un aprendizaje; no es algo que ocurra por casualidad. Hay lecciones, pruebas y desafíos, y luego, finalmente, dulce éxito, a medida que os movéis desde la rueda del karma hacia un estado de gracia.

Así que os imploramos, como guerreros espirituales, que uséis vuestros miedos para vuestro crecimiento, que os apoyéis en la fuerza de vuestro Ser Superior, y que empuñéis la espada del poder y la verdad para cortar los lazos de la limitación. Vemos a muchos de vosotros llenos de conocimiento y deseo, brillantes con promesas, pero temerosos de desafiar el *status quo*, temerosos de salir a lo desconocido.

El *status quo* y vuestro mundo tal como lo conocéis están cambiando rápidamente, con o sin vosotros, queridos. Si pudierais empezar, día a día, a seguir a vuestro espíritu con alegría y sin vacilación, a aceptar cada desafío y oportunidad con entusiasmo y la seguridad de la victoria al final, solo pensad en el peso que os quitaríais. Piensa en la alegría de vivir cada día, anticipándote a lo que está por venir, a la potenciación que sentirías. Has escuchado una y otra vez que hay que vivir el momento, que hoy es todo lo que tienes. Os decimos que tenéis una eternidad, pero debéis decidir cómo experimentaréis la eternidad. Un día vivido con un propósito gozoso parece solo un momento, y un día vivido con miedo y vacilación puede parecer una eternidad.

El miedo se manifiesta de muchas formas: ira, negación, dolor, enfermedad, letargo, depresión y tristeza. Es limitante, paralizante, dañino, y se alimenta de sí mismo cuando se vuelve hacia adentro y se le da rienda suelta. Nunca antes habías tenido tanta ayuda, tantas fuentes de las que obtener sabiduría, aliento y apoyo. Pero es necesario que des el primer paso; eres tú quien debe volverse y enfrentarse directamente a sí mismo y afirmar: «Hoy haré lo que más temo. Tomaré mi miedo en mis manos, y con su poder, superaré cualquier obstáculo que pueda imaginar».

Vosotros pedís confirmación de la verdad de la sabiduría de la Nueva Era y nosotros os decimos: «Depende de vosotros dar vuestras propias pruebas». Nosotros solo podemos suministrar la energía y el apoyo amoroso; depende de vosotros el manifestarlo en vuestro mundo material de realidad. Mirad a vuestro alrededor; mirad los milagros que les suceden a los demás, día a día. Ellos no son diferentes de vosotros, excepto porque han abrazado los regalos y oportunidades que se les han ofrecido. No tienes forma de saber qué pruebas y obstáculos han superado ellos en su camino hacia la maestría; no tienes forma de saber qué tanto o qué tan poco han tenido que trabajar, o qué tipo de sacrificios han hecho. Solo se ve el resultado final. Ten la seguridad de que tendrás las mismas oportunidades, las mismas fortalezas y los mismos recursos simplemente reclamando lo que es tuyo.

Sois únicos, no hay otros como vosotros. Vinisteis fortalecidos con fortalezas únicas y restringidos con memorias únicas de limitación. Sois una faceta del átomo-semilla de fuego blanco del Creador Supremo y tenéis una tarea específica que cumplir. Cuanto más difícil sea la tarea, más fuerza y habilidades tendréis impresas en vuestra memoria y en vuestra alma. Nadie tiene más o menos, o es mejor que otro; solo en vuestra unicidad os diferenciáis. La Mente Dios está deseosa de experimentar todas las manifestaciones imaginables con la meta final de que obtengáis plena conciencia y perfección. Volved vuestra mirada hacia los reinos elevados de la sabiduría superior y mayor perfección, queridos. Ved dentro de vosotros mismos el brillo de la joya que sois; abrid la puerta a la sabiduría y al poder que hay dentro de vosotros y entonces seréis capaces de crear milagros indecibles.

No permitáis que el miedo y la negatividad que están brotando de vuestros medios de comunicación, de vuestro gobierno y de la conciencia de las masas tengan un impacto en vuestra conciencia, mis preciosos. Esta es quizás una de vuestras pruebas más grandes en este momento para permanecer serenos y con la seguridad amorosa de saber quiénes sois, hacia dónde vais y qué es lo que se está manifestando en vuestro mundo, todo gracias a vuestras acciones y audaces y dinámicas creencias. La purificación (o no purificación) de la energía que emitís de vuestros pensamientos está construyendo una nueva realidad, tan seguro como si estuvierais construyendo una casa, ladrillo a ladrillo, día a día. Construid una mansión, queridos. Construid un mundo glorioso, brillante, amoroso, lleno de todas las posibilidades, rodeado, impregnado y enriquecido de amor, paz, armonía y alegría.

Estamos siempre cerca para ayudarlos, para prestaros una suave guía y aliento; sin embargo, debéis alcanzar y audazmente atraer el empoderamiento y la perfección de las dimensiones superiores y reclamarlas como propias. Yo, el Arcángel Miguel, las Legiones de Luz y la Hostia Celestial os abrazo. Yo Soy el Arcángel Miguel.

ES HORA DE RESOLVER LOS PROBLEMAS DE VUESTRAS RELACIONES

Amados hijos de la Luz: vuestras lecciones de amor, aceptación y tolerancia llegarán a vosotros más y más rápidamente a medida que las infusiones de energía se incrementen. Esto es para que tengáis la oportunidad de resolver todos los problemas residuales que os impiden integrar más y más vuestra sobre-alma/Ser Superior, que os lleva a la auto-maestría y os permite entrar en el sendero acelerado de la Ascensión.

Los asuntos de las relaciones son de la mayor importancia en este momento: resolved y despejad el desequilibrio kármico y también aceptad cualquier desarmonía en vuestras relaciones actuales. Mira a tu alrededor o haz un inventario de las personas por las que estás influenciado, y también de aquellas en las que influyes tú: en casa, tus hijos y pareja; tus compañeros de trabajo, parientes, y así sucesivamente. ¿Cuál es su relación con esas personas: estresante, discordante, frustrante; o de apoyo, amorosa y satisfactoria?

El amor, el equilibrio y la armonía que se derivan de una relación son de gran importancia. Expande tu autoconciencia y tu conciencia de Dios, aumenta la Luz y los patrones de frecuencia vibratoria de tu campo áurico, y finalmente, de tu cuerpo físico. Cualquier discordia o desarmonía comprime y suprime la energía del amor y retarda vuestro crecimiento espiritual, queridos míos.

El énfasis está en las relaciones para que puedas aprender a aceptar a tus hermanos y hermanas espirituales y sus imperfecciones. Es importante que busques amarlos por la chispa de la fuerza de Dios que hay en su interior, no importa cuán tenue o pequeña sea esta. Es por eso por lo que hemos enfatizado el amor y la aceptación de ti mismo, porque ¿cómo podéis llegar a ser tolerantes con los demás y aceptar vuestras faltas si no podéis aceptaros y perdonaros a vosotros mismos?

La evolución hacia y a través de Cuarta Dimensión es precursora de la maestría en Quinta Dimensión. Significa llegar a la conciencia de que eres parte de Todo Lo Que Es. Esa es la esencia de quién eres, y por lo tanto, de que eres digno de amor. Se trata de volverse hacia adentro y buscar el poder y la verdad que yace dormida, esperando a ser llamada. Se trata de limpiar los canales que han sido bloqueados durante muchos eones para que podáis una vez más comunicaros con vuestra base de operaciones y con vuestro tipo de espíritu. Tal vez no sepáis lo importante que era la frase de E.T. «mi casa». Estamos esperando a que os reconectéis, a que despejéis la inmovilidad y la distorsión del miedo, el odio, el juicio y la limitación para que podáis llamar a casa. Sabed que siempre responderemos. Muchos de vosotros estáis dudosos, sorprendidos o asombrados por aquellos que tienen la habilidad de comunicarse con los reinos invisibles (y más de vosotros estáis recuperando esta habilidad todo el tiempo). Por favor, entended que este es el estado normal de vuestro Ser, queridos. Simplemente lo habéis olvidado. Habéis estado desconectados por tanto tiempo que no recordáis el momento en que esto era una parte natural de la estructura de vuestros sentidos físicos.

La Cuarta Dimensión es aceptar vuestra Divinidad, realineándoos con las fuerzas de nuestro Padre/Madre Dios, en vez de con las fuerzas de limitación de Tercera Dimensión. La Cuarta Dimensión es donde comenzareis a trabajar en unidad con todas las fuerzas de la naturaleza —vuestra preciosa madre Tierra y los emisarios del Cielo— para lograr el regreso al Jardín del Edén. La Tierra en su inicio fue el Jardín del Edén, y a ese estado regresará, ¡con o sin vosotros! ¿No quieres ser uno de esos a los que se les asegurará un lugar en esa gloriosa utopía?

A medida que comencéis a controlar vuestras emociones y a traer vuestros cuatro cuerpos inferiores a la armonía y el control, no solo comenzareis a operar en los reinos de Cuarta Dimensión superior, sino que entonces tendréis la capacidad de conectaros con los reinos inferiores de Quinta Dimensión. Comenzareis a crear y manifestar una existencia más armoniosa, vuestro propio mundo de abundancia, paz y alegría como co-creadores con la Fuerza de Dios. ¿Veis por qué es tan importante que controléis todas las facetas de vuestro Ser, que volváis a la unidad y a la interacción amorosa con vuestros semejantes? Escucháis estas palabras una y otra vez de varias maneras, pero son algunas de las palabras más importantes que escuchareis en vuestra vida.

La energía electromagnética de la sustancia de la fuerza de vida del Creador Supremo está siendo derramada sobre vosotros y vuestro mundo como un regalo. Depende de ti cómo uses este don, o no lo uses. Tu Alma-yo ha estado eones esperando este evento. ¿Vas a dejar que se te pase por alto porque requiere un poco de trabajo o un esfuerzo extra por tu parte? Cualquier cosa que llegue a tu conciencia en este momento, ya sea negativa o positiva, es para tu crecimiento o para su resolución. Es un regalo. Vuestro Ser Superior está tratando de empujaros suavemente por el camino correcto y en la dirección correcta. Así que, queridos, observad vuestras relaciones y resolved cualquier asunto que os impida disfrutar de una completa y amorosa armonía. Si no puedes resolver un problema de relación en el nivel físico, vuélvete hacia adentro, busca tu poder interior —la sabiduría de tu Ser del Alma— que reside en el templo sagrado de tu corazón. Trae a tu mente a las personas en cuestión, háblales a nivel de alma, tal como lo harías con ellas en persona. Pídeles perdón (aunque sientas que tú no tienes la culpa). Envía amor a su Alma-yo y diles que las amas. Luego siente el amor fluyendo desde el centro de tu corazón hacia el centro de su corazón. Bendícelos y rodéalos con la Luz blanca y dorada del Amor Sagrado de nuestro Padre/Madre/Dios.

Esto es más efectivo de lo que puedas imaginar, siempre y cuando no vuelvas a los viejos patrones de conflicto. Cuando una persona en particular os venga a la mente, vedla llena y rodeada por la Llama Violeta transmutadora y pedid por su más alto y más grande bien. Han trabajado mucho y muy duro para equilibrar su naturaleza mental y emocional, y para abrir el centro de su corazón. Ahora es el momento de empezar a usar esta nueva energía de empoderamiento. Ahora es el momento de actuar, de obtener resultados positivos. Leer, estudiar y teorizar vosotros solos ya no será suficiente, queridos. La acción es la palabra del día, convirtiendo todo lo que habéis aprendido en sabiduría, integrando, usando y perfeccionando las herramientas de transformación que os hemos impartido.

A vosotros, que habéis pedido y orado para servir, se os advierte que os preparéis. Preparaos para salir, cubiertos con vuestra armadura espiritual externa y con vuestra conciencia espiritual interna. Es hora de difundir nuestros mensajes de amor/sabiduría. Es hora de convertirse en un ejemplo vivo de ser espiritual/humano, la fusión de los espíritus con los hombres. Os hemos dicho que es importante que os reunáis con vuestros hermanos y hermanas espirituales para anclar la Luz. Es tiempo de integrar, reforzar e irradiar las energías que se derramaron sobre vosotros. Os animamos a que os esforcéis por salir adelante y compartir vuestra conciencia con los demás. Os pedimos que seáis un ejemplo para aquellos que están luchando para contrarrestar la negatividad y el miedo que están circulando desenfrenadamente. Comparte tu fe y tu conciencia intuitiva sin cesar; diles a aquellos de tu círculo de influencia que hay esperanza, que hay un camino, que hay ayuda, y sí, que el futuro es brillante. Si ellos aceptan lo que tú les estás transmitiendo –aunque sea un poco cada vez–, incluso un pequeño cambio de actitud y de forma de pensar, eso supondrá una gran diferencia.

Comenzad por cambiar vuestra percepción, dad la bienvenida a la oportunidad de resolver cualquier problema residual que haya en vuestro mundo personal, en lugar de verlo como pruebas y obstáculos. Ved qué rápido desaparecen para no volver nunca una vez que los hayáis tratado con la magia del amor en acción. Sed conscientes de los muchos milagros que ocurren en vuestro mundo cada día. Sabed que estáis creando, día a día, momento a momento: estáis construyendo vuestro nuevo mundo, de adentro hacia afuera.

Mientras otros gimen y se lamentan por el estado del mundo, señalad las cosas positivas que están sucediendo. Concentraos en las maravillas que están ocurriendo, pero con cuidado, queridos, con cuidado. No toméis a la ligera su dolor o sus problemas, sino que animadlos a mirarlos de manera diferente. O, simplemente, cambiad la conversación a otro tema y no os traguéis su escenario negativo. No lo agreguéis a la energía negativa que está siendo arrojada a los éteres.

Hay una gran oportunidad para devolver a vuestro amado planeta a su antigua belleza prístina. Tenéis una oportunidad de oro para atraer a aquellos que están sufriendo y se dirigen en la dirección equivocada al camino de la Luz. Dondequiera que viváis en el planeta Tierra, no abandonéis vuestra patria; vale la pena salvarla. Dedícate a ti mismo y tus esfuerzos a recuperar el sueño de los días pasados. Imagina a tu país como una tierra de oportunidades, una tierra floreciente del futuro.

Atráelo desde lo profundo de la memoria de tu alma, y recuerda el hermoso paraíso de la tierra llamada Lemuria. Muchos de vosotros que alguna vez caminasteis por esas orillas habéis regresado a la Tierra para ayudar a rectificar los errores del pasado, lo cual resultó en el hundimiento de esa gran masa de tierra para que pudiera ser limpiada y purificada. Esa gran tragedia no tiene por qué volver a ocurrir, queridos, si tan solo prestáis atención a las advertencias y os embarcáis en un camino de corrección, transformación y recuperación. Vosotros, como empoderados guerreros de la Luz, tenéis la habilidad a través de vuestros esfuerzos conjuntos, meditando, orando, decretando juntos, de neutralizar una gran cantidad de esta energía negativa que se ha acumulado a lo largo de las edades.

Esta es vuestra misión. Esto es lo que os pedimos y os imploramos que hagáis, queridos. Nos uniremos a vuestros esfuerzos. Os infundiremos una gran cantidad de Luz y energía para ser usada en un propósito unificado. Debe ser transmitida hacia abajo y alrededor de vuestra dulce Tierra, y hacia afuera en círculos concéntricos a las masas y a través de la superficie de vuestro planeta. Así es como se os pide que comencéis vuestra misión. ¿Aceptáis? Solo, puedes tener un gran impacto. Juntos, tenéis las fuerzas del Cielo con vosotros. Hasta que nos volvamos a reunir, sabed que estáis bajo mi protección y que sois muy queridos.

Yo Soy el Arcángel Miguel.

UNA NUEVA CONCIENCIA DE LA VIDA Y LA MUERTE

Amados hijos de la Luz, ahondemos en el misterio de la muerte y en los conceptos erróneos que la Humanidad tiene con este proceso. La Humanidad mira a la muerte con temor, o trata de ignorarla por completo como si de algún modo pudieran anticiparse a esta inevitabilidad o engañarse a sí mismos creyendo que son inmortales. La verdad del asunto es que ambas creencias son válidas, pero por razones muy diferentes.

Uno de los mayores beneficios del proceso que estás experimentando ahora (y reconocemos que puede ser bastante incómodo y doloroso) es darte cuenta de que al completar tu transmutación a un ambiente de Quinta Dimensión de nivel medio ya no necesitarás experimentar el proceso de la muerte, ni tampoco el proceso de la reencarnación. El proceso, conforme lo experimentas ahora te hace tomar un velo de olvido y aparentemente empezar de cero, o desde el principio, cada vez que entras en un nuevo cuerpo o experimentas una nueva vida. Este proceso ya no será necesario a medida que os adentréis más en la Nueva Era.

Dejareis cualquier dimensión que estéis experimentando actualmente, con plena consciencia de quiénes sois, qué habéis sido y hacia dónde vais. Evolucionaréis o alcanzaréis esa nueva conciencia dimensional completamente intacta, funcionando plenamente en el presente, pasado y futuro. O, para ser más precisos, serás consciente de quién eras, quién eres ahora y quién serás. Esa es la conciencia de un alma plenamente consciente de Dios.

Morir con una muerte lenta y tortuosa, ver a un ser querido morir dolorosa o repentinamente, ver a un niño atrapado en sus primeros años de promesa de oro; esas experiencias han sido algunas de las mayores tragedias, penas y lecciones más importantes de la Humanidad.

La profesión médica está tratando de mantener la vida a toda costa, a menudo por razones equivocadas. En el otro extremo están los que abogan por el suicidio asistido por un médico. Ambos conceptos son de mentalidad tridimensional y caerán en el olvido en los tiempos que se acercan rápidamente.

La vida debe ser apreciada como un tiempo gozoso de propósito activo y realización. A la Humanidad se le debe enseñar desde el principio que, a su debido tiempo, habrá una graduación hacia el siguiente nivel de conciencia y logro superior. Esto debe ser anticipado y honrado como parte de un proceso de evolución perfectamente diseñado. Todas las personas deben valorar su estructura física como un vehículo a honrar, como un regalo del Creador, y tratarla con cuidado y respeto. Cada alma tiene su propio horario, su propia agenda, y vosotros debéis daros cuenta de que no todos vinisteis a la Tierra para vivir hasta una edad avanzada. Si cada alma viviera su vida en plenitud y cerca del espíritu sabríais cuándo está llegando a su fin vuestro tiempo en la Tierra, cuándo se ha completado vuestra misión. Os prepararíais suave y amorosamente para vuestra transición, permitiendo que aquellos a quienes amáis y apreciáis fueran parte del proceso. No se tendría que experimentar ninguna enfermedad dolorosa, no se iniciaría ningún proceso complicado y doloroso de prolongación de la vida porque cada uno de vosotros sabría, sin duda, cuándo sería el momento de seguir adelante, de evolucionar hacia un «estado superior del Ser».

Vuestros seres queridos sabrían que la separación es solo temporal; que cada uno de vosotros tiene su propio destino. Que un día os reuniréis para no volver a sentir nunca más el dolor de la separación. Los nativos americanos y otras culturas del pasado que vivieron y murieron cerca del espíritu aceptaron la vida y la muerte como parte de la totalidad de la experiencia en la Tierra. Apreciaban la vida, pero también honraban la muerte. La edad también era honrada y venerada porque ese era el tiempo de la sabiduría. Una de las mayores tragedias de vuestro tiempo es la práctica de dejar a vuestros ancianos aislados en centros de atención donde se les droga o se les hace sentir como inválidos sin valor, y se les deja perecer lentamente con dolor, en soledad y con un sentido de inutilidad.

Estos conceptos, prácticas y creencias pronto serán obsoletos y los recordareis como bárbaros. La edad se medirá por la experiencia y la sabiduría. Vuestros cuerpos madurarán pero no se pudrirán. Vuestras mentes permanecerán activas, alerta y siempre buscando nuevas experiencias y conocimientos, y cuando llegue el momento de pasar al siguiente nivel de la interminable espiral hacia la perfección, lo harán de forma consciente con anticipación y alegría. Esto está más allá de vuestras habilidades conceptuales en este momento.

El primer paso será enseñar a los jóvenes a ver la vida de una manera diferente, como un regalo precioso y una oportunidad para alcanzar habilidades y sabiduría para el siguiente nivel de experiencia. Se les debe enseñar que son agentes divinos o representantes del Creador y que lo que hagan —positivo o negativo— afecta no solo a su vida presente sino también a su vida futura, así como a su familia espiritual y a toda la Humanidad. Esto suena como una tarea difícil, pero si estas enseñanzas se comenzaran y fueran inculcadas al nacer y perpetuadas a lo largo de la vida, ¡qué milagroso salto de conciencia representaría para la Humanidad!

No estamos diciendo que no debáis llorar a vuestros seres queridos perdidos. Sin embargo, os pedimos que comencéis a ver el proceso de una manera diferente. En primer lugar, vuestros seres queridos no están perdidos y su fallecimiento no se produce sin propósito. Cualquiera que sitúe la responsabilidad de su felicidad total, bienestar y razón para vivir en otro individuo está invitando al sufrimiento y el debilitamiento del cuerpo y la mente. Tu responsabilidad y la mayor lección en este momento es darte cuenta de que solo tú, al unísono con el espíritu, eres responsable de tus sentimientos de amor, autoestima y realización.

¿No te has preguntado por qué algunos lloran a un ser perdido durante años, y nunca parecen superar la pérdida, mientras que otros lloran por un breve período de tiempo y luego comienzan a volver al vaivén de la vida y a encontrar maneras de llenar el vacío? ¿Significa esto que algunos aman más que otros? No, normalmente significa que algunos tienen necesidad de hacerse los mártires, o que no sienten que tienen el conocimiento, la habilidad o los medios para confiar en sí mismos o el deseo de asumir la responsabilidad de su felicidad y razón de vivir. Exteriorizan, limitan y restringen a sí mismos para no tener que convertirse en dueños plenamente conscientes de su propio destino.

Os pedimos, queridos, que comencéis a contemplar, reestructurar y reevaluar vuestros viejos conceptos de vivir y morir. Esto también forma parte del proceso de transformación. Debes experimentar todas y cada una de las facetas de la vida en lo físico hasta que hayas equilibrado y armonizado el proceso en su totalidad. Entonces y solo entonces será posible trascender el proceso de la muerte; ascender a vuestros cuerpos de Luz y mover en espiral vuestra conciencia hacia esas nuevas dimensiones gloriosas donde la muerte es solo un sueño antiguo.

Aquellos de vosotros que habéis visto envejecer a vuestros seres queridos o que estáis en proceso de morir, dadles a ellos y a vosotros mismos el regalo de compartir el amor, compartir la perspectiva y participar de la experiencia; no la ignoréis esperando a que desaparezca. Estaos allí con ellos en el proceso y haced lo que podáis para allanar el camino. Revivid recuerdos alegres, usad tu amor, y vuestro toque sanador, y llamad al espíritu para ayudar a aliviar el dolor y permitir una transición pacífica y suave. Te sorprenderás de la diferencia que representará.

Para aquellos de vosotros que han perdido o perderán a niños o jóvenes, sabed que vinieron a daros alegría, a enseñaros una lección importante a la que necesitabais enfrentaros o simplemente a bendeciros con su existencia. Sabed que ellos son benditos, sabios que estarán ahí para mostraros el camino. Puedes estar seguro de que algún día te reunirás con tu familia espiritual. Su nacimiento no fue en vano, ni tampoco su muerte. Algún día conocerás el Plan perfecto y comprenderás la razón por la que tenía que ser así.

Sabed, queridos, que Dios no castiga. Sabed que todo lo que transpira, aparentemente malo o bueno, es parte del Plan y de la experiencia que la Humanidad necesita para avanzar al siguiente nivel de conciencia. No juzgues, ni a ti ni a los demás. Permite que cada día se desarrolle en toda su perfección, sabiendo que el dolor de la separación pronto será solo un vago recuerdo del pasado.

No puedes vernos, pero estamos aquí. No puedes ver a tus seres queridos difuntos, pero también están cerca. Aprovechad vuestra conciencia más elevada y conectaos con vuestra Presencia Divina y os prometemos que nunca más os sentiréis abandonados o solos. Estás rodeado de seres queridos en números mucho más grandes de lo que puedas imaginar. Como siempre, eres amado, guiado y protegido.

Yo, el Arcángel Miguel, os traigo estas verdades.

MENSAJE DE ESPERANZA

Amados hijos de la Luz, lo que deseo impartiros hoy es un mensaje de esperanza y un vistazo al futuro. Comenzaré diciendo que para muchos de vosotros parecerá como si estuvierais experimentando una noche oscura del alma, no solo personalmente, sino también para aquellos de vuestro alrededor: amigos, familia, en vuestras ciudades, vuestro país, y de hecho en todo el mundo.

Esto no suena a mensaje de esperanza, ¿verdad? Pero lo es, porque lo que todos vosotros estáis experimentando a nivel personal, así como a nivel global, es una limpieza de fuerzas negativas o energía. Cualquier área que no sea de Luz, o que vibre en las frecuencias más altas de energía electromagnética que están permeando vuestra Tierra y sistema solar tendrá que experimentar este proceso de limpieza.

Aquellos de vosotros —y vosotros sabéis quiénes son— que han trabajado diligente, leal y amorosamente; aquellos de vosotros que sabéis que estáis entre los trabajadores de la Luz, os estáis preguntando: «¿por qué? ¿por qué yo? ¿por qué ahora? Pensé que había eliminado la mayoría de las influencias negativas de mi vida. Pensé que había terminado con toda la confusión de Tercera Dimensión». Y, sin embargo, aquí estáis experimentando angustia o incomodidad física, o posiblemente una enfermedad grave, o estáis experimentando conflicto en vuestras relaciones, dificultades en el lugar de trabajo, o incluso amenazas a vuestra seguridad o abundancia. ¿Por qué?

Este es el mensaje de esperanza que queremos traeros. Se os ha dicho que se avecinan milagros, y esto es cierto. Se os ha dicho que la Luz creadora crecerá más y más fuerte hasta que brille y penetre en cada rincón oscuro, en cada grieta, en cada mente, para que transmute la oscuridad y la negatividad. Debe haber un proceso de limpieza para que toda la energía discordante vuelva al equilibrio y la armonía. Es fácil decir: «Me entrego a la Luz, someto todo lo que soy y todo lo que poseo a una causa superior». Pero entonces, ¿qué sucede cuando vuestra seguridad se ve amenazada? Gritáis y os lamentáis: «¡No es justo! ¿Qué he hecho yo para merecer esto?». Cuando tú o un ser querido enfermáis, ¿os desesperáis y os olvidáis de invocar a vuestro Ser Superior y a los milagrosos dones de sanación que os han sido otorgados a vosotros y a otros? ¿Os volvéis hacia el Consolador? ¿Invocáis la poderosa asistencia de su poderosa Presencia Yo Soy y la Llama Violeta transmutadora?

Por favor, que sea lo último, queridos. Porque entonces tendréis el poder y la asistencia de la Hostia Celestial. Muchos de vosotros estáis experimentando la última y residual limpieza de la desarmonía. O digamos que estáis experimentando sus pruebas finales antes de que se os permita comenzar el proceso de acceso e integración de las poderosas y transformadoras frecuencias de los niveles de entrada a Quinta Dimensión. Debéis estar preparados. Es imperativo que hayáis limpiado la cantidad requerida de vibraciones negativas antes de que se os permita participar de esos regalos/frecuencias más elevados y poderosos de la Luz de Dios. De lo contrario crearíais más caos en vuestra vida y en vuestro mundo. Mucho se requiere de un verdadero y poderoso ser espiritual/humano.

Oh, queridos, hay unos regalos maravillosos esperándoos. ¿Pensasteis que no tendrían un precio? ¿Creéis que no se os pediría que demostrarais, a través de vuestra fe, determinación y habilidades, que estáis listos para el don de la maestría?

Las fuerzas de la Luz están comenzando a vencer y eclipsar a las fuerzas de la oscuridad y la negatividad. Pero esto no se logra sin lucha, sin angustia, sin confusión, sin sacrificio, sin diligencia, sin perseverancia y sin dedicación. No os desmayéis en esta fecha tardía, mis amados guerreros: no cuando estáis tan cerca de daros cuenta y conseguir todo aquello por lo que os habéis esforzado desde hace muchas edades o eones en el pasado. Estáis muy cerca, muy cerca de alcanzar la meta, muy cerca de lograr la victoria.

Aceptad el o los desafíos finales con vitalidad y alegría. Salid a su encuentro con la cabeza y el corazón rectos, con vuestra armadura espiritual fuerte y brillante a vuestro alrededor. Sabed que contáis con toda la asistencia, orientación y apoyo que os permitáis. No dejéis que vuestro miedo se apodere de vosotros y os limite. No dejéis que vuestro cuerpo emocional se desborde y cree un campo de fuerza negativo alrededor vuestro de modo que no podamos penetrarlo y traeros energía sanadora, purificando la fuerza de vida y transmutando, equilibrando y armonizando las vibraciones para conduciros a través de vuestras pruebas. Estamos listos y ansiosos por ayudaros a hacer la transición tan suave e indoloramente como sea posible. Pero todo depende de vosotros. Es decisión vuestra. ¿Nos ayudaréis a crear milagros para vosotros a partir del caos?

Es lo mismo a nivel nacional que mundial. ¿No sentís la angustia y el sufrimiento que impregnan los éteres que la Humanidad ha creado para la Humanidad? No se puede permitir que continúen. Se están haciendo pequeños avances y pequeños esfuerzos, pero se necesita mucho, mucho más. Parece que en algunas áreas de vuestro mundo no hay esperanza, ni futuro, pero no es así. Hay esperanza mientras haya aquellos de vosotros que estén dispuestos a permanecer fieles a su llamada; permaneced enfocados en vuestro propósito y cread un campo de fuerza vibratoria que rodeará, envolverá, y finalmente, permeará vuestra Tierra.

Existen esas queridas almas que incluso ahora están haciendo su transición o salida de la Tierra para morar en otros mundos y dimensiones. Os corresponde a vosotros bendecirlas y enviarlas amorosamente en su viaje a la Luz. Durante estos próximos años habrá muchas más que dejarán el plano de la Tierra, y esto también forma parte del Plan perfecto. Tened la seguridad de que nos ocuparemos de ellos; son de nuestra incumbencia, no vuestra.

Son aquellos que están alcanzando su verdad, esa conciencia más elevada, ese destello del futuro que debería constituir vuestra principal preocupación. Aquellos que están listos y son capaces de completar la transición al siguiente nivel de evolución, y sin embargo, que voluntariamente se quedarán en la Tierra y la acompañarán en su emocionante viaje en espiral hacia los reinos superiores de la conciencia de Dios. Es para esas queridas almas que os pedimos que seáis ejemplo e inspiración; que abráis un camino de Luz y amor para que ellas lo sigan.

Y así, de nuevo decimos que os traemos buenas noticias. No estás solo en tus esfuerzos. Nunca más tendrás que funcionar en la ignorancia y la oscuridad. A medida que transmutéis y liberéis cada parte imperfecta de vosotros mismos y de vuestro mundo, a medida que resolváis cada asunto, a medida que equilibréis y armonicéis vuestros patrones vibracionales y os unáis a vuestra sobre-alma superior, nunca más tendréis que experimentar esos eventos dolorosos. Se habrán resuelto y se habrán ido para siempre, y nunca volverán. Cada vez que salgáis con fe y determinación, y enfrentéis los desafíos de frente será más fácil, porque veréis lo fácil que es caminar a través de ellos con gracia y belleza, dejando un rastro de brillante perfección a vuestro paso. Esto es lo que significa existir en Quinta Dimensión, queridos. Continuaréis creciendo, aprendiendo y evolucionando, pero sin el dolor y la angustia que habéis experimentado en vuestro limitado mundo de Tercera Dimensión. Cuando alcancéis ese estado, viviréis en belleza y armonía con vosotros mismos y con toda la Humanidad. Avanzaréis con seguridad a medida que el proceso continúe porque sabréis que cada paso dado, cada sacrificio realizado, conduce a recompensas más allá de toda comparación.

Camina en la Luz entre los Maestros y mira a los ángeles trabajando y jugando; quítate las orejeras y contempla todas las maravillas del Cielo, esta es tu meta. ¿No valen la pena la lucha y la incomodidad?

Os prometemos caminar a vuestro lado durante vuestras pruebas y daros toda la ayuda amorosa que las Leyes Universales permiten. Abridnos vuestros corazones y mentes, amados; nuestro objetivo es el mismo que el vuestro: estar juntos. Sois amados y protegidos por las poderosas fuerzas angelicales, todos los Señores de la Luz y los Maestros.

Yo Soy el Arcángel Miguel.

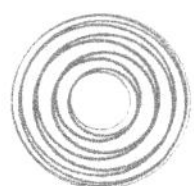

CREA TU REALIDAD PERFECTA

Amados hijos de la Luz: Yo, el Arcángel Miguel, vengo a vosotros en este momento para ofreceros un desafío. Os reto a que nos pongáis a prueba a nosotros, los reinos de la Hueste Celestial y del espíritu. También te reto a ti a que pongas a prueba tu propia maestría. Habéis leído, oído, escuchado y tratado de absorber y vivir todo lo que ha llegado a vosotros de muchas y variadas fuentes. Se os ha dicho; sin embargo, aún no os habéis dado cuenta de que de hecho es un tiempo de cambios rápidos, peligrosos, traumáticos y desconcertantes. Los tiempos y los acontecimientos ponen a prueba vuestra fe, vuestra resistencia y vuestra alma. Os hemos dicho una y otra vez que no tenéis que experimentar la transformación y la transición solos, sin ayuda, los tiempos de aparente oscuridad y los torbellinos de conflicto que deben tener lugar para dejar paso a las frecuencias más ligeras y elevadas de la nueva conciencia. Así que este es mi desafío para ti:

Te reto a que nos pongas a prueba, a que aceptes el provocador concepto de que eres un co-creador del nuevo Cielo en la Tierra; que sí, que eres un maestro, un maestro con todas tus imperfecciones aparentes pero, no obstante, un maestro poderoso con todas las fuerzas creativas de la Mente de Dios a su disposición. Os pido que comencéis a crear vuestra perfecta nueva realidad de Quinta Dimensión ahora. ¿Cómo se hace esto?

Primero, debes darte cuenta de que ya estás creando tu realidad a cada momento. Entonces empiezas a concentrarte y te conviertes en un observador consciente de ti mismo: tus pensamientos, tus acciones, tus fortalezas, tus miedos. ¿Qué te hace feliz? ¿Qué te pone triste? Durante una semana, solo una corta semana, concéntrate totalmente en ti mismo. ¿Te parece extraño, egocéntrico o egoísta? Mis queridos, ¿cómo podréis construir un mundo perfecto para vosotros mismos y para los que os rodean si no tenéis conciencia de vosotros mismos, una conciencia plena para experimentar este lugar de forma armoniosa y alegre?

Imagínate con el mayor detalle cómo te gustaría verte, sentirte, moverte y pensar. Hazlo del modo más real posible. Experimenta esta visión con todos tus sentidos. Siente la alegría, la emoción. Imagina a través del ojo de tu mente tu Yo perfeccionado, y con tu oído interno cómo sonará tu voz confiada e inteligente.

Cada vez que tu mente se desvíe del camino o se mueva hacia la duda, hazla regresar suavemente con una afirmación como, «Ahora estoy manifestando mi perfecto Ser Divino» o «Yo Soy poderoso, perfecto, Yo Soy Presencia, Yo Soy una Luz de Dios». Vive y respira con toda tu esencia este ser equilibrado, armonioso y amoroso en el que te estás convirtiendo. Despierta con tu nueva imagen ante ti y pasa cada momento libre del día (en lugar de vagar innecesariamente con la mente) en una concentración concertada en tu nuevo ser, poderoso y evolutivo, en cuerpo, mente y espíritu.

Antes de dormir, pídele a tu doble etérico perfecto y a tu cuerpo elemental que unan fuerzas con la conciencia de tu cuerpo físico, mental y emocional para manifestar esta perfección, de modo que el proceso de transformación continúe a lo largo de tus horas de sueño (con aún más poder y efectividad porque tu dudoso cerebro consciente estará en reposo). Tras una semana, afirma tu perfección y luego permítele descansar en tu interior. Permite que tus pensamientos-semilla desarrollen poder en los reinos superiores, uniéndose con vibraciones similares para que gradualmente puedan comenzar a manifestarse en lo físico.

En ese momento, comenzareis la siguiente fase de perfeccionamiento de vuestro autodominio y, por lo tanto, de cocreación de alegría, paz, abundancia y armonía en vuestro mundo personal. Poned vuestra concentración en vuestra abundancia, o en vuestras relaciones, o en vuestra creatividad, en cualquiera que sea el área que esté más desequilibrada en vuestra realidad. Comienza a construir el Paraíso en el que deseas residir. Imagínatelo en toda su belleza, serenidad y perfección. Constrúyelo pieza a pieza, ladrillo a ladrillo o piedra a piedra. ¿Es alto y está en la cima de una montaña? ¿Está en una orilla tranquila al lado de un plácido lago o con vistas a las siempre cambiantes olas de poder del océano? ¿Estás en una comunidad de hermanos y hermanas espirituales iluminados, interactuando, intercambiando energías, amor e inspiración, creciendo, creando juntos; o estás en un aislamiento pacífico y sereno en comunión con el mundo animal y el mundo espiritual?

Construid este mundo, este Paraíso hecho a medida, en toda su perfección. Colocaos en él o haced sitio a aquellos con quienes deseéis compartir vuestro mundo y sentidlo, sentid sus olores, sonidos y solidez hasta que se vuelva tan real (o más real) como la realidad en la que ahora existís. De nuevo, cuando tu mente comience a vagar, tráela suavemente de regreso a este nuevo mundo que estás creando. Cuando sientas estrés, vete a un lugar tranquilo de tu Paraíso y siente el cambio, donde no se permite estrés o negatividad (es el Paraíso, ¿recuerdas?).

Creadlo hasta el más mínimo detalle y ved a vuestro ser perfeccionado caminando, viviendo, amando, existiendo en este Cielo en la Tierra. Al igual que con vuestro ser perfecto, pasad cada momento libre concentrándoos en vuestra creación: al despertar, a lo largo del día, tan a menudo como sea posible y especialmente antes de quedaros dormidos. Tras una semana, afirmad vuestra creación y entregádsela a vuestro Ser Superior.

Proceded a concentraros en el siguiente elemento de importancia en vuestro mundo perfeccionado. Si se trata de relaciones, colocad a cada persona de acuerdo a su importancia en vuestra conciencia e imaginad una interacción perfecta entre vosotros. ¿Cómo actuarías o interactuarías con esta persona y cómo respondería ella? Mírate a ti mismo en perfecta armonía con los que te rodean: dando libremente, aceptando su singularidad y complementando sus talentos y fortalezas con las tuyas propias, en lugar de competir y luchar por la superioridad y la supremacía. Sentid el amor armonioso y el espíritu creativo fluyendo de uno a otro, magnificándose, realzándose, hasta que todos vosotros os convirtáis en una fuerza espiritual unificada de amor, equilibrio y coexistencia pacífica. Coloca a tu familia espiritual en el Paraíso que estás construyendo y velo expandirse, crecer y rodear la Tierra hasta que todos estéis abarcándolo todo.

No puedes construir tu mundo perfecto sin la abundancia del Universo a tu disposición, y por lo tanto debes reclamar la verdad de que tienes derecho a toda la generosidad y opulencia creada por la Mente de Dios. Debes saber que es ilimitada en la oferta y que está disponible para la petición. Debéis crear ese cierto y absoluto conocimiento en vosotros de que experimentar toda perfección y abundancia es vuestra herencia y el derecho que Dios os ha dado. Y así, durante la próxima semana, debéis crear, afirmar y condicionar a vuestro Ser más íntimo de que esto es así.

¿Cómo te sentirías? ¿Qué quieres hacer? Considera no solo tus necesidades sino también tus deseos. Créalo para ti y para todos los que te rodean. Recuerda que hay suficiente para todos. Juega con ello y busca dentro de ti para determinar lo que es lo realmente importante para ti. Puede que te sorprenda encontrar lo que de verdad quieres en el mundo.

Es posible que no necesites todos los artilugios, adornos y objetos que en este momento se consideran símbolos de estatus y poder. Es posible que te des cuenta de que te gustaría simplificar su vida y tener comodidades elegantes y simples, sin tener todas las posesiones que parecen ser tuyas y de tu tiempo, en lugar de al revés. Puedes encontrar que tus prioridades, la importancia de las cosas en tu vida, están cambiando para enfatizar la belleza de la naturaleza y la pureza de sus lagos, arroyos y aire. Puede que tu mayor deseo sea tener tiempo para disfrutar de las maravillas del mundo y para interactuar con las almas amorosas que se han colocado allí.

Puedes encontrar que todo lo que necesitas es comida simple, nutritiva, sana y satisfactoria, comida ligera que cree y mantenga el equilibrio y la armonía de tu nuevo Ser perfeccionado. Toda vuestra idea de la abundancia podría cambiar cuando ya no sintáis que tenéis que acaparar, salvar y recolectar, rodeándoos de barreras para mantener alejados a los intrusos que podrían tratar de quitaros la abundancia. Cuando te des cuenta de que hay suficiente para todos, te relajarás. La comprensión debe venir desde adentro y debe comenzar con vosotros para que pueda irradiar hacia afuera, gradualmente, construyendo vuestro mundo perfecto, ¿veis? Recuerda, al igual que ocurre con las otras visiones de manifestación, pasa una semana construyendo esta realidad, analizando, profundizando, desechando conceptos viejos y anticuados, medias verdades, ideas de otras personas y expectativas que hayas aceptado como tuyas. Enfócate en crear abundancia durante una semana, haciendo afirmaciones a lo largo del día y de la noche hasta que hayas hecho arraigar esta idea firme y profundamente dentro de ti. En otras palabras, afirma la abundancia hasta que la hayas aceptado como una verdad absoluta.

Ahora imagina lo que harías si pudieras hacer o convertirte en lo que es tu mayor deseo en el mundo. ¿Cómo llenarías tus días? ¿Qué crearías? ¿Qué manifestarías en tu mundo que sería el ejemplo perfecto de quién eres y lo que representas? Es posible que mañana no puedas dejar tu trabajo como empleado y convertirte en médico o maestro, pero puedes empezar a verte a ti mismo como una fuerza creativa del cambio. Tal vez un maestro, por ejemplo, de la nueva verdad que estás viviendo; o un cuidador del espíritu y un sanador para los que te rodean, usando todos los dones que se te ofrecen en este momento. Permite que tu imaginación se dispare. Permitid que vuestra mente se expanda y visualizad un futuro nuevo y audaz ante vosotros. Desde las profundidades de tu Ser, ¿qué quieres ser? ¿Cuál es su lugar en la Nueva Era del mañana que rápidamente se está convirtiendo en una realidad?

Los conceptos y las identidades cambiarán. Los roles de género serán menos definidos. En los tiempos venideros, ninguno será más bajo ni más alto; todos tendréis la misma importancia, sagrados y santos. Tú puedes ser un servidor o un cuidador y considerarte tan importante como un filósofo, un médico o un científico. Entonces, ¿deseas ser escritor, artista, curandero, inventor o explorador? ¿Qué harías si pudieras ser cualquiera de estos o si pudieras manifestar tu sueño más ambicioso? ¿Qué escribirías? ¿Qué pintarías? ¿Cómo te curarías? ¿Cómo te imaginas al «nuevo, refinado tú»? Incluso si fuera extravagante y totalmente diferente de lo que es aceptado, construye este sueño y hazlo tan real y detallado como sea posible. ¿Cómo quieres pasar el resto de tu vida, y la siguiente, y la siguiente? Deberíais ser el deseo de vuestra alma más profunda, porque esto es lo que al final manifestaréis.

Recordad que estáis aprendiendo a cocrear como una extensión de la Mente de Dios; por lo tanto, os damos una amonestación: a medida que construyáis y creéis esta nueva realidad, siempre, siempre, siempre aseguraos de que vuestro deseo sea empoderante, beneficioso y para el bien más elevado de todos. Siempre completa tus afirmaciones con «hágase tu voluntad». Si tus deseos están en armonía con los de tu Presencia Yo Soy, todo estará bien. Si no lo son, debes anteponer el deseo de Dios al tuyo porque la visión de Dios es perfecta. Recuerda el dicho: «Ten cuidado con lo que pides, puede que lo consigas».

Insistimos, pasad una semana entera pensando, concentrándoos, profundizando, construyendo esa parte de vuestra realidad hasta que estéis seguros y ninguno sepáis sin duda en qué queréis emplear vuestra energía creativa y vuestro tiempo. ¿Por qué quieres que te conozcan? ¿Qué talentos deseas reivindicar como propios? Vive, respira, sueña cada momento hasta que puedas sentirte empoderado con esta energía creativa, cualidades y atributos. Tras una semana, afirma que es una verdad incuestionable y entrégasela a tu Yo Superior.

Después de haber completado este proceso y haber colocado firmemente en vuestra conciencia todo lo que deseáis traer a vuestro mundo, deteneos y haced un balance de lo que ha ocurrido, de lo que ha cambiado. ¿Tu mundo parece diferente en algo? ¿Has desviado tu atención de todo lo que está mal en el mundo a las grandes y maravillosas posibilidades disponibles? ¿Han cambiado tus actitudes sobre las personas y las posesiones? ¿Te gustas un poco más? ¿Te sientes más empoderado, con un poco más de control de tu destino? Deberías.

Lo que estás haciendo es concentrarte en lo que está bien y disponible en el Universo, y en lo que puede manifestarse cuando te concentras en convertirte en un co-creador con Dios para siempre en lugar de ser una víctima aparentemente indefensa e ineficaz de las circunstancias. Los milagros no sucederán de la noche a la mañana; sin embargo, sucederán, especialmente si suficientes de vosotros comenzáis a aceptar vuestro poder y aceptáis la creencia de que podéis construir y manifestar vuestro Cielo personal en la Tierra durante vuestra vida. Cada persona es creadora de su «Cielo o infierno personal» a través de sus pensamientos, acciones y hechos.

Después de que hayáis completado este proceso, os pido que comencéis de nuevo. ¿Cómo has cambiado desde la primera vez? ¿Qué añadirías o qué eliminarías? Os volveréis más refinados y definidos a medida que os sintonicéis más con el Espíritu y estéis más seguros de vosotros mismos. Evolucionaréis y muy seguramente cambiaréis. Juega con el proceso, disfrútalo. Siente la emoción de la manifestación. Acepta que tú también puedes crear mundos dentro de mundos.

A medida que aceptéis vuestra maestría y vuestro poder, nosotros, los de los reinos celestiales, podemos infundiros cantidades más grandes de energía de fuerza vital y también redirigir la energía cósmica específica de manifestación hacia vosotros para vuestro uso. ¿No veis que esto no es posible hasta que sepamos que usaréis esta energía para el bien de todos y no por razones limitadas y egoístas?

Así que os pido, os reto, a que comencéis ahora. Para uniros a mí y a las Legiones de Luz en la manifestación y transformación de vuestra amada Tierra en la estrella ardiente que ella está destinada a ser: una entidad brillante, pura y vibrante lista para unirse a la galaxia de la cual es parte integral en su viaje hacia el siguiente nivel superior de unidad y amor. Eres una estrella brillante. Eres un mini-universo dentro de un Universo. Fuisteis diseñados en la perfección y a la perfección finalmente regresaréis. Todo lo que tenéis que hacer es acercaros y reclamar vuestra herencia divina.

Se os ha dicho que los próximos años en la Tierra serán tiempos de grandes y tumultuosos cambios, que las viejas formas se desmoronarán y que las fuerzas de la Luz y de la oscuridad lucharán por la supremacía. Reconocemos que estas predicciones son verdaderas, pero os decimos esto: las fuerzas oscuras están siendo gradualmente infundidas con Luz, y si os dais en cuenta, ellos os hacen un servicio mostrándoos lo que sucederá cuando elijáis el miedo, la limitación y el egoísmo. Lo viejo debe dejar paso a lo nuevo, y aunque parezca destrucción y caos, el Ave Fénix surgirá de las cenizas y todo nacerá de nuevo. Que los no iluminados continúen como quieran; su turno llegará a su debido tiempo. Bendecidlos, amadlos y sabed que la chispa de la fuerza de Dios que hay dentro de ellos no les permitirá fallar. Simplemente no están listos para despertar. Todavía no es su hora. Sabed que vosotros, como mostradores del camino, como semillas estelares, estáis abriendo el camino para que ellos os sigan. Acepta todo tu manto de maestría. Has llegado lejos y has experimentado mucho en nombre de la justicia. Ahora es el momento de aceptar quién eres realmente, quién has sido siempre: un resplandeciente sol de Dios.

Yo, el Arcángel Miguel, y toda la Hueste Celestial nos unimos a vosotros, os apoyamos y protegemos mientras aceptáis el reto de convertiros en co-creadores de la nueva Tierra.

BIENVENIDOS AL PORTAL DE LAS DIMENSIONES SUPERIORES

Amados hijos de la Luz, ¿no os parece como si estuvierais en un torbellino de emociones, un remolino de energía y a punto de salir al abismo? ¿Sentís que los límites y las estructuras que habéis construido para vuestra seguridad y comodidad se están desmoronando? Si es así, os damos la bienvenida a la puerta de entrada a las dimensiones superiores.

A medida que la energía negativa es limpiada de los planos astrales inferiores de Cuarta Dimensión y que os volvéis más centrados y enfocados, permitiéndoos procesar más de la energía cósmica pura que está siendo enviada, los velos de la ilusión están siendo levantados y disueltos para muchos de vosotros. Podrá pareceros que vuestra realidad no es tan aguda y definida, sino más fluida y nebulosa a medida que vuestra conciencia entra y sale de varias capas de realidades paralelas. Es como si estuvierais aprendiendo a nadar y probando las aguas antes de dar el gran salto.

Venimos a vosotros en este momento para ayudaros en el proceso de transición; para ayudaros a entrar en las olas y corrientes de cambio para que podáis fluir sin esfuerzo y con optimismo hacia el futuro. Primero te pedimos que mires lo que te retiene. ¿Cuáles son los apegos y adicciones a los que todavía te aferras? ¿Qué te hace estar todavía rígido y firmemente arraigado en el pensamiento e interacción de Tercera y Cuarta Dimensión? ¿Eres adicto a tener razón, o tal vez incluso a estar equivocado? ¿Eres adicto al resultado de lo que sientes que será tu nueva naturaleza espiritual? ¿Eres adicto a ciertas tradiciones o a un conjunto particular de reglas y normas? ¿O eres adicto al poder o a ser impotente? ¿Qué apegos te mantienen atascado: relaciones, posesión, un trabajo, una cierta identidad, un lugar en particular, tu cuerpo físico y si tienes salud o no, o si debes verte de una cierta manera?

Muchos de vosotros habéis estado trabajando diligentemente durante mucho tiempo para armonizar el cuerpo, la mente y el espíritu. Ahora es el momento de dejarse llevar y dejar ser lo que vuestro Espíritu quiere que seáis. No te dejes atrapar por la lucha de masas, ya sea en cuestiones de gobierno/políticas, morales o por las acciones de los que te rodean. Permitid, queridos, permitid que vuestros hermanos y hermanas elaboren su propia agenda personal y la lleven a cabo en su propio marco de tiempo. Cada uno debe recorrer su propio camino y es un camino en solitario; nadie puede recorrerlo por ellos.

Aquellos de vosotros que habéis despejado el camino, tanto física como mentalmente, ahora estáis siendo buscados como conductores de alta potencia de la energía e información cósmica. Las vibraciones están siendo elevadas, por decirlo de alguna manera, así que es difícil para aquellos de vuestro alrededor no darse cuenta de que algo está sucediendo, algo que no puede ser explicado por sus mentes racionales y medios científicos. Y hay momentos en que esta nueva energía parece casi demasiada para manejarla, incluso para aquellos de vosotros que han regresado a un nivel más alto de armonía y se han preparado. Debes aprender a permitir que fluya dentro y a través de ti, y fuera libremente hacia el mundo. No te afectará adversamente siempre y cuando permanezcas centrado y con los pies en la tierra, y no permitas que tus procesos mentales se interpongan en el camino.

Entendemos que estos son tiempos muy estresantes e inciertos para todos vosotros y que os enfrentáis a muchas situaciones aparentemente insuperables. No estaríais enfrentandoos a estas situaciones, queridos, si no pensáramos que tenéis la fuerza y el corazón para superarlas y prevalecer.

Visualízate en un largo camino que se extiende y serpentea hacia arriba; un camino que se vuelve más estrecho a medida que llega a las alturas y más allá de tu visión. Ved con el ojo de vuestra mente cómo el camino se desvanece a cada lado y no hay nada más que oscuridad abajo. ¿Caminas lentamente con los ojos fijos en la inmensidad que hay abajo o mantienes la vista fija en el camino y en la luz brillante que está delante? Es importante que des un paso firme cada vez, no enfocándote en tus pies, sino visualizando la meta que tienes por delante. Anticipando el maravilloso sentido de logro y la recompensa que tu victoria te traerá. Esta es la manera en la que os pedimos que enfoquéis y visualicéis cada día y cada situación. Tu Alma-yo está poniendo ante ti lo que más necesitas abordar y resolver. Y recordad que junto con el desafío está toda la ayuda que necesitáis tan solo llamando a vuestra Presencia Yo Soy, a los maravillosos guías y a los ayudantes angélicos que os rodean.

No dejes que los pequeños contratiempos te desanimen o hagan vacilar tu fe. A las fuerzas negativas nada les gusta más que hacerte dudar o debilitar tu resolución. Es fácil, queridos, decir «Yo creo» cuando todo va bien y estáis cómodos, pero entonces también podéis volveros complacientes. Desafortunadamente, en vuestro mundo físico, la fuerza del propósito y las lecciones se aprenden a través de las pruebas y la adversidad.

Nosotros también tenemos nuestros desafíos, y aunque es una realidad diferente y en las dimensiones superiores hay distintas reglas, también es posible cosechar o avanzar a un ritmo lento o aceptar el desafío y seguir adelante. Esto es lo que significa ser un guerrero de la Luz, queridos. Vosotros, que sois de mis legiones, estáis siendo llamados. Tú estás siendo preparado para el «gran evento» y debes estar preparado. Estáis en proceso de entrenamiento a medida que os movéis a través del proceso de iniciación bajo la dirección de vuestro Ser Superior y vuestra Presencia Divina. Así que flexionad vuestros músculos espirituales, reafirmad vuestra resolución espiritual, superad y poned a descansar esos desafíos residuales ante vosotros y despejad las cubiertas para la acción, porque la llamada a las armas pronto surgirá. Lo que queremos decir es que es hora de que adoptéis vuestra posición espiritual y reclaméis vuestra maestría. Debéis prepararos para dar un paso adelante.

Por lo tanto, no os lamentéis si vuestra vida es inestable mientras veis que muchos de los que están empapados y arraigados en Tercera Dimensión parecen estar moviéndose felizmente con sus recompensas materiales acumuladas, mientras van alegremente por su camino hedonista. No todo es lo que parece, y aquí es donde no debéis juzgar y sentir como si estuvieran siendo recompensados mientras vosotros estáis siendo castigados o penalizados. Esto está lejos de la verdad y pronto será evidente para vosotros.

Vosotros, como exploradores y mostradores del camino, debéis atravesar las selvas del pensamiento rígido; debéis disolver los grilletes de la conciencia masiva y romper las barreras de Tercera Dimensión para que la Luz de la Nueva Era pueda derramarse sobre la Humanidad. No os hemos dicho que sería fácil o cómodo. Lo habéis olvidado, pero hace muchas eras nos aseguraron que estabais a la altura de la tarea y que podíais manejar la presión y superar los obstáculos. Os tomamos la palabra y os decimos esto: aunque a veces dudéis de vosotros mismos, nosotros nunca hemos dudado de vosotros, nuestros valientes. Sabemos de lo que sois capaces y lo que podéis lograr. Por eso os pedimos que mantengáis vuestros ojos en la victoria y en el brillante futuro. Llenad vuestros corazones con la energía amorosa que os enviamos para vuestro uso. Hablad con nosotros en vuestras meditaciones o en vuestros momentos de tranquilidad; nosotros os responderemos. Oh, queridos y fieles guerreros, nos estamos uniendo y reuniendo en grandes y maravillosos números. Más y más de vosotros estáis recordando vuestra herencia y os estáis uniendo o conectando con vuestra familia espiritual. También hay grandes reuniones de almas en los reinos etéricos. Estamos aglutinando nuestras fuerzas y preparándonos para la gran tarea que tenemos por delante. Sabemos que saldremos victoriosos.

¡Te necesitamos! ¡Eres amado! Cada uno de vosotros es parte integral del maravilloso Plan para el futuro de vuestra Tierra y de vuestro sistema solar. Sabed que un día vosotros también seréis liberados de los confines de la Tierra y de los lazos de Tercera Dimensión: libres para volar por el Universo sobre las alas de la gloria. Y así, amados, tened gran coraje y buen ánimo porque vuestro progreso es impresionante de contemplar.

Yo, el Arcángel Miguel, os traigo estas verdades.

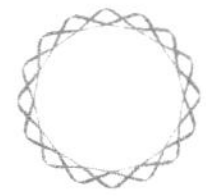

EL YO INTERIOR

¿Qué puedo hacer para demostrarme que soy
todo lo que estoy destinado a ser?
¿Estoy destinado a serlo?
¿Qué quiero decir, qué parezco,
fuera de mis ojos mirando hacia adentro?
Viajo por el camino de la vida,
deslizándome, tropezando bajo mi carga,
Por un camino, suave y libre,
y luego por un desvío por donde no debería ir.
Despejo mi mente y mis ojos, calmo mi corazón,
veo el disfraz de prometidas
emociones, cosas sin valor,
todo el placer que el éxito parece traer.
Hacia adentro, hacia adelante, hacia arriba. Me encanta el
sueño de la vida,
pero en mi corazón sé que
hay más que esto. Estoy de visita aquí,
¿qué seré cuando desaparezca?
En otro reino, en otro plano, ¿quién seré?
¿Cuál es mi nombre?
¿Estarán allí los que tanto aprecio?
¿Te reconoceré o sentiré tu tacto? Mi amor por ti,
tu amor por mí, es un tesoro mayor
de lo que cualquier otra cosa puede ser.
Necesito el calor de tu corazón en el mío.
El amor compartido a través de la maraña del tiempo,
más importante será,
estás ahí conmigo.

ABRAZA TU FORMA FÍSICA, TEMPLO DE TU ESPÍRITU

Saludos, amados hijos de la Luz, qué emocionante e inspirador es ser testigos de la transformación que está teniendo lugar en vuestro planeta Tierra. A medida que las olas de energía se derraman sobre vosotros, impregnando vuestro Ser interior y el de vuestra madre Tierra, los milagros están comenzando a suceder. Nosotros, desde los reinos celestiales vemos la Luz que está creciendo más fuerte en y alrededor vuestro, y sentimos las frecuencias vibratorias más refinadas que se están elevando hacia los éteres/planos astrales, mientras que vosotros desde el reino físico tendéis a ver toda la oscuridad y la negatividad que os rodea. Por eso queremos asegurarte que estás progresando. ¡Tú estás marcando la diferencia!

Permítenos hablarte ahora de tu forma corporal, el vehículo que alberga a tu espíritu. A través de las edades habéis tenido una relación de amor/odio con vuestro cuerpo físico. Muchos de vosotros, al aceptar el desafío y la tarea de entrar en el plano tridimensional de la dualidad y participar en el experimento de un mundo de libre albedrío no os disteis cuenta de que tendríais que revestir a vuestro Espíritu con un vehículo físico. Imaginasteis que permaneceríais en vuestro cuerpo de Luz y podríais participar a distancia, supervisando el experimento desde lejos. Y así, cuando estuvisteis atrapados en los estrechos confines de una forma física empezasteis a resistiros y a luchar por la liberación (cuando aún podías recordar de dónde venías).

Poco a poco olvidasteis, a medida que el velo de la ilusión y las restricciones del mundo físico se hicieron más fuertes; sin embargo, mantuvisteis dentro de vuestra conciencia del átomo-semilla de la memoria vuestra verdadera identidad y el Espíritu libre de vuestra verdadera naturaleza. Así comenzó la lucha entre el cuerpo del ego-deseo y vuestro espíritu. Algunos de vosotros inconscientemente a lo largo de las edades han sometido su cuerpo a grandes daños y privaciones como resultado de esos recuerdos. Una y otra vez buscaron la liberación de su vehículo físico, solo para renacer de nuevo y continuar jugando a la danza de la transformación.

Ha llegado el momento, queridos, de que abracéis vuestra forma física como el hermoso vehículo que es. Eres un guardián de la gran verdad y el conocimiento, un conocimiento profundamente enterrado dentro de tus células de memoria y a través de tu Ser. Eres un conductor de patrones de frecuencia, una estación transmisora, un almacén de amplia información, que debes recobrar y reclamar para que puedas asumir tu verdadera identidad y completar tu misión terrenal. Debes buscar equilibrar y armonizar todas las partes de tu Ser, realinear y equilibrar toda la energía de mala calidad, y liberar los tentáculos de la oscuridad que te han mantenido cautivo en la ignorancia y la limitación. Debes tratar de purificar tu cuerpo en pensamiento, acción y hábito. A medida que liberas la energía incrustada y la negatividad de su estructura celular, esta se aloja en otras partes de tu cuerpo: tu torrente sanguíneo, tus órganos, tus glándulas y tu estructura ósea. Debéis liberar esas toxinas y ganar salud y vitalidad, que son vuestra herencia divina.

Hay numerosas maneras de hacer esto y mucho se ha escrito sobre los síntomas de los «trabajadores de la luz mutante». Te animamos a que escuches a tu propio guía interno y aceptes seguir los empellones de tu Ser Superior, ya sea un cambio en la dieta, ejercicio, trabajo corporal, acupuntura y masaje; u otras formas de alineación corporal, como ejercicios de respiración y movimiento corporal, así como tonificación, aromaterapia o curación con cristales. Todas estas modalidades ayudarán a acelerar el proceso de limpieza y alineación de tus cuerpos físico, emocional y etérico, y aumentarán tu capacidad para absorber los patrones de frecuencia vibratoria más elevados y refinados.

Muchos de vosotros no os dais cuenta de que la energía de la luz funciona de la misma manera que la energía de los alimentos. Si tu forma corporal no puede procesar la energía y liberar el exceso, eso tendrá impacto en tu vehículo físico de una manera u otra. Esta es la razón por la que muchos de vosotros (que han tenido esta relación continua de amor/odio con sus cuerpos) han engordado durante el proceso, especialmente en el área del plexo solar, a pesar de que puedan estar comiendo menos que nunca. La luz es energía y debe ser integrada y consumida. Vosotros estáis mutando muy rápidamente, queridos, estáis aprendiendo y creciendo a través de la experimentación, el ensayo y el error.

Aquellos que se han sentido cómodos con su forma corporal y se han hecho amigos de este maravilloso vehículo, lo han tenido más fácil en el proceso de transformación porque no están en desacuerdo con su ser físico. No están luchando constantemente por la supremacía sobre él, como si fuera algo que hay que conquistar. Cada parte y parcela de tu ser es una parte integral del Todo, y debe ser aceptada por su belleza y su contribución al Todo. Todo debe estar en armonía y equilibrio, y mientras debas funcionar en las dimensiones inferiores del plano físico, tienes necesidad de tu cuerpo físico.

La frecuencia más alta, la energía de la luz cósmica que entra a su cuerpo, está comenzando a activar y energizar miles de millones de cristales codificados de átomo-semilla de memoria de Luz que fueron colocados allí hace eones cuando descendisteis por primera vez a los ambientes de Cuarta y luego a los de Tercera Dimensión. Han permanecido latentes; sin embargo, ha llegado el momento de que se reactiven gradualmente. Nuevos chacras etéricos o vórtices de energía están siendo activados para que finalmente tengáis doce chacras mayores, y la doble hélice de vuestro ADN está gradualmente desagregando hebras adicionales –de dos en dos– hasta que finalmente volváis a tener doce hebras de ADN. La infusión cada vez mayor de luz es lo que iniciará la transformación de vuestra forma física: la creación de su cuerpo de ascensión vibrante, sin edad.

Estáis convirtiéndoos en más poderosos y vitales cada día, mis hermosos, incluso mientras lucháis a través de vuestros dolores de crecimiento. Aceptad cada desafío y oportunidad de liberar viejas energías acumuladas. Recordad que lo que se transforma interiormente debe manifestarse también exteriormente en vuestra realidad física. Es por eso por lo que muchos de vosotros estáis experimentando tantas situaciones conflictivas en vuestras vidas diarias. No te escondas ni trates de evitar estos desafíos, te lo imploramos. Han surgido para que, de una vez por todas, puedas resolver todas las desarmonías, todos los desequilibrios, tanto internos como externos. Por eso es tan importante que solicites la ayuda de tus guías y maestros, y de todos los seres angélicos, que están listos para servirte y asistirte. Es por eso por lo que os mantenéis enfocados en vuestra más alta intención; por lo que os enfocáis en las recompensas a ser alcanzadas, en lugar de en las incomodidades del camino.

Se te ha animado a visualizar/construir tu futuro, tu nuevo y brillante futuro, día a día, momento a momento. Esto es más y más importante a medida que las ondas de energía aumentan y la confusión a tu alrededor crece. Debes permanecer enfocado, centrado, rodeado por el resplandor de la protección amorosa de la pura conciencia cósmica para que el torbellino de negatividad y la energía de mala calidad no puedan afectarte.

Simplificad vuestras vidas, queridos. Concéntrate en lo que es permanente y duradero. Conviértete en un asimilador de la verdad, el amor y el conocimiento en lugar de ser un coleccionista de bienes materiales y un buscador de placeres físicos efímeros. Trae a tu mundo equilibrio, paz y armonía, y todas las cosas buenas vendrán a ti. Aunque puedes encontrarte con que tienes diferentes prioridades, diferentes hábitos y gustos.

Estáis haciendo avances en la sanación de vuestra madre Tierra; sin embargo, no los suficientes, ni lo suficientemente rápido. Hay que hacer más y pronto. Te suplicamos: ¡ESCUCHA! Es hora de asumir el pleno mando como guardianes de la Tierra, como protectores de las especies que han sido puestas aquí a vuestro cuidado. Es hora de que asumáis vuestra verdadera identidad como Maestros de Luz; como guardianes de la paz y transmisores de verdad y armonía. No perdáis esta oportunidad, queridos. No abortéis vuestra misión y tengáis que escalar a través de épocas de oscuridad de nuevo, como lo hicisteis en el pasado después de la caída de la Edad de Oro. Las campanas de las edades están tocando y la transformación de vuestra especie no esperará a nadie. O aceptas el regalo y sigues adelante, o retrocedes y continúas en los ciclos de oscuridad, lucha, ignorancia y limitación. La elección es tuya.

Esforzaos por seguir adelante, queridos. Llegad hacia adentro y hacia arriba. Extendemos hacia vosotros nuestra mano simbólica de Luz, junto con el regalo de las frecuencias más elevadas de la Luz del Creador. Esperamos tu regreso. Se te necesita. Se te ha echado de menos. Recuerda, nunca estás solo. Yo, el Arcángel Miguel, y la Hueste Celestial te rodeamos en un campo áurico de amor y protección.

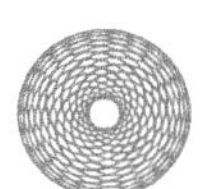

LA ESPADA DIVINA

Amados hijos de la Luz, deseo compartir con vosotros en parte lo que sucedió en la maravillosa reunión, celebración y convocatoria de los trabajadores de la Luz, llamada Cónclave de Miguel, en Banff, Alberta, Canadá, del 24 al 27 de marzo de 1994.

Muchos de vosotros sois conscientes de que ese es el lugar de mi retiro etérico, el lugar donde en esos días dorados de perfección en vuestra Tierra, yo, junto con otros seres angélicos, así como los Maestros, los grandes devas y elementales, fuimos visibles para vosotros. Caminamos, hablamos e interactuamos con vosotros. No parecíamos tan sólidos o claramente definidos como vosotros lo sois ahora, pero tampoco lo erais vosotros antes de vuestro descenso a las dimensiones inferiores.

Todos vosotros estáis ansiosos y deseosos de ver y comunicaros con los seres de las dimensiones superiores o los reinos invisibles, pero lo que habéis olvidado es que hemos caminado entre vosotros en el pasado y éramos tan reales para vosotros en ese momento como lo sois vosotros ahora para vuestros amigos en el plano material de Tercera y Cuarta Dimensión. Algunos de vosotros estáis tomando conciencia de esto y se hará más evidente a medida que pase el tiempo.

Hemos mantenido muchos de estos cónclaves a lo largo de las edades y siempre han sido durante tiempos de gran transición y cambios trascendentales en la Historia de vuestro mundo. Esta reunión no fue una excepción. Lo que ocurrió puede llamarse una introducción a la Quinta Dimensión, ya que muchos de los asistentes alcanzaron niveles de conciencia, unificación de propósito y sentimientos de unidad nunca antes experimentados en esta era de la existencia humana.

Si tan solo pudiera mostrarte las magníficas formas mentales que surgieron en las cercanías del cónclave, los poderosos sentimientos de amor, los exquisitos colores y la fuerza de la energía que fue emitida a través de la armonización, las meditaciones, las poderosas interacciones mentales producidas para propósitos pacíficos y armoniosos; que fueron de una dedicación infalible a la causa más elevada, nunca jamás podrías dudar del poder y la fuerza que tienes a tu disposición. Tu mundo y todos los seres próximos a ti se beneficiaron más de lo que nunca sabrán de la acción unificada y sinérgica de ese santísimo y bendito grupo.

Esta fue una reunión de muchos de los maestros de vuestro futuro, aquellos que se han dedicado y han dedicado todo lo que tienen en gran estima a la causa de la transformación y la Ascensión, a la construcción de la nueva Era Dorada. Cada área del esfuerzo humano, cada faceta de desunión y desarmonía fue examinada, discutida y se presentaron conclusiones y procesos válidos y viables. No hubo lucha ni competencia por la superioridad o el liderazgo; todos caminaron en integridad, compartiendo su sabiduría y buscando el conocimiento y la experiencia de todos los demás para aumentar y mejorar su conocimiento y eficacia. Fue una reunión de una unidad familiar espiritual; una reunión de todas las múltiples facetas de la conciencia, una reunión de dones para compartir, añadir y complementar el Todo.

Los regalos de amor y conciencia, el sentimiento de unicidad y unidad que se sintieron en esta reunión fueron solo precursores de lo que está por venir cuando todos vosotros comencéis el proceso de reunificación con el Todo, el cual culminará con una conciencia y unidad con el resto de vuestros compañeros de viaje en otras dimensiones y los padrinos de vuestro Universo, vuestro Padre/Madre/Dios que residen en el Gran Sol Central. Este es vuestro destino, vuestro objetivo final.

Me gustaría que conocierais en parte lo que transmití a través de este canal en esa conferencia. En primer lugar, estáis aquí en este momento porque tenéis un papel integral que desempeñar en el proceso. Sois chispas que pronto se convertirán en faros de la resplandeciente Luz que está brillando desde vuestra Madre Tierra, la cual finalmente la convertirá en una brillante estrella de perfección. Pero debéis aceptar su llamada, debéis prepararos y limpiaros para la infusión acelerada de energía cósmica, del Amor/Luz, el material de construcción del Universo.

Esta energía ya no será enviada hacia abajo con un efecto envolvente para cubrir toda vuestra Tierra y a toda la Humanidad de forma indiscriminada. Podéis ver los devastadores resultados del uso negativo de esta energía bendita. Los que odian se vuelven más llenos de odio; los obsesivos luchan por mayor poder y dominación; los codiciosos buscan más y más riquezas y posesiones, sin importar el costo o cuánto dolor y angustia causen a otros; la aniquilación sin sentido de vuestros hermanos y hermanas está realmente destruyendo una parte de vosotros mismos.

Ahora la energía del amor y la Luz será retirada y enfocada como un rayo láser en aquellos de vosotros que hayan limpiado y equilibrado vuestros cuerpos físicos, mentales y emocionales para que podáis ser conductores o facilitadores amorosos y efectivos de esta energía, magnetizándola hacia vosotros, energizándola a través de vosotros, y luego proyectarla desde vosotros de una manera totalmente amorosa y compasiva para el bien más elevado de toda la Humanidad. Estáis entregando vuestra agenda personal al magnífico Plan cósmico de evolución y reunificación con la jerarquía galáctica y el regreso a vuestro lugar legítimo en el orden cósmico. Y se enfocará en aquellas áreas que finalmente serán las brillantes ciudades de Luz, abandonando esos países y áreas oscuras de odio y miedo para que luchen y al fin se vuelvan débiles y perezcan por la falta de fuerza vivificadora del Creador.

Este don de energía mejorada y enfocada viene junto con una advertencia: debéis tomar esta energía y ponerla en acción. Debéis seguir adelante y comenzar el proceso de convertiros en portadores de poder con propósito, en armonía con el Plan Divino. Porque si no lo hacéis, el regalo cósmico de la Creación os será retirado y se enfocará en otro que usará esta energía cósmica para su apropiado propósito. Incluso si no están tan preparados o son tan talentosos como tú, a aquellos que usan los dones otorgados se les otorgarán más hasta que sean empoderados más allá de toda imaginación. El tiempo para la contemplación y la teorización ha terminado, porque el tiempo, como vosotros sabéis, se está acabando. Es hora de reclamar vuestra herencia, de dar un paso adelante en ese papel y tarea que solo vosotros podéis cumplir... la tarea que aceptasteis antes de entrar en este mundo de lo físico.

También se dijo que estos serán los días de los milagros. Posiblemente pequeños, insignificantes al principio, pero a medida que afirméis y reconozcáis estos milagros se producirán manifestaciones más grandes y eventos más milagrosos. Extended vuestras manos y vuestros corazones y dejad que se llenen de la abundancia del Universo: relaciones amorosas, paz/gozo y armonía, y sí, abundancia de riqueza material para que podáis mostrar al mundo cómo vive un maestro en esa selecta dimensión más allá de la Tercera densidad.

Queridos, haced todo lo posible para uniros en meditación, oración y acción con propósito. Compartid vuestros sueños y aspiraciones, y apoyaos los unos a los otros en los esfuerzos que hayáis elegido. Es el tiempo de la unidad, la cooperación y la reunión para actuar al unísono y mostrar al mundo lo que se puede lograr cuando hay una conspiración de ideales elevados… una agenda divina que está siendo puesta en acción por poderosos maestros para beneficio de toda la Humanidad, no solo de unos pocos.

Sabes que llevo la Espada de la Divina Voluntad, Verdad y Valor, pero ¿sabías que esta espada fue simbólicamente puesta en tu mano derecha mientras aún estabas en los reinos etéricos como uno de mis guerreros designados de mis legiones de Luz? Sin embargo, no siempre has usado esta espada como estaba previsto. A lo largo de los siglos se convirtió en una espada de poder de la energía masculina y en un símbolo de dominio, conquista y guerra. No te quitaré esta espada, pues tienes gran necesidad de la voluntad divina, de la verdad y el valor, pero atemperaría su uso y te daría una nueva arma. Después de leer estas palabras, mis benditos guerreros, volveos hacia adentro y sentid la verdad de lo que digo y sentid el curso de energía a través vuestro para que sepáis que, en verdad, este regalo os está siendo dado.

Centrad vuestra conciencia en vuestro chacra coronario y sentid los pétalos de esta vasta fuente de energía abierta de par en par. Imaginad ese cordón de plata, que crece más y más fuerte cada día, extendiéndose hacia arriba hacia vuestro Ser Superior o Divino. Ahora sentid y visualizad una espada ardiente de Luz azul, con un centro de energía cristalina blanca y dorada emanando de ella lentamente mientras desciende y perfora vuestro chacra coronario y viaja por vuestra columna vertebral, energizando y animando cada uno de vuestros centros de energía o chacras en su camino. Sentidlo mientras perfora vuestro chacra raíz y se implanta firmemente dos pies dentro de vuestra Madre Tierra.

Experimenta el resplandor de la energía electrizante que surge, rodeándote, creando tu armadura espiritual donde nada de menor energía puede penetrar. Imaginad la empuñadura de esta espada anidando en el centro de vuestro corazón, ved la Llama Triple ardiendo brillantemente dentro de vosotros, porque esta es vuestra insignia espiritual. Esta es la insignia que llevas en tu escudo de valor. Extended vuestros brazos y ved implantada en vuestra mano izquierda una ardiente gema de azul de la Voluntad Divina. En el centro de tu corazón verás que el resplandeciente sol de energía dorada comienza a brillar a medida que tu sabiduría divina es activada. Anclada en la espada en la mano derecha hay una joya de color rosa iridiscente para el amor divino. Estamos cambiando las polaridades de los lados masculino y femenino de vuestro cuerpo para que podáis fusionar estas energías y que os volváis más andróginos, más equilibrados, más unificados.

Esta no es la cruz de la Crucifixión, mis amados, sino la espada de la Resurrección y la Ascensión. Esta es la espada femenina que coloco dentro de cada uno de vosotros para templar la espada masculina de poder con la compasión del amor y la sabiduría. Esta es la espada que empuñarás al avanzar en la misión que has elegido.

Os he dicho una y otra vez que estos son los tiempos de la reunificación, del encuentro. Pero primero debes volver a conocerte y reunirte con todas las miríadas de partes de ti mismo como uno solo, para que traigas la integridad como regalo a la cambiante conciencia de las masas. Es un proceso paso a paso, ¿ves? Por lo tanto, se te ha instruido para que te ocupes primero de tu propia salud espiritual y bienestar. Encontrareis que una vez que esto se logre, podréis olvidaros de vuestro crecimiento personal o iluminación, porque os habréis reconectado con esa parte poderosa y perfecta de vuestro Ser. Entonces, y solo entonces, estarás verdaderamente preparado para servir a la causa mayor. Ya no estarás en un estado de ser, sino en un estado de SER. Tú serás tu espiritualidad, tu verdad, tu integridad, un ser que emana la perfección de la conciencia de Cristo. Esta es vuestra meta, y no estáis tan lejos de alcanzarla como podríais pensar, queridos míos.

Hubo una infusión inspirada de la fuerza del Amor Divino que se infundió a todos los que asistieron a este cónclave, y el poder de esta infusión resonará en todo el mundo. Cada uno de vosotros se sentirá como si estuviera siendo afinado o más estrechamente dirigido hacia lo que va a lograr como parte individual del Plan o misión. Así que, queridos, os pedimos que permanezcáis sintonizados con esa estación divina de vuestro corazón y alma, pues es un mensaje que no querréis perderos.

He colocado mi espada de amor y compasión en vuestro Ser, y también he fortalecido la conexión entre vosotros y vuestra conciencia de Cristo, queridos. Seguid adelante con la seguridad de que estáis siendo divinamente guiados y de que las recompensas de vuestro trabajo pronto se materializarán.

Yo, el Arcángel Miguel, os traigo estas verdades.

En el cónclave se dijo: «Haz caminar tu habla y volar tu visión».

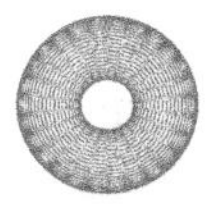

MANIFESTAD EL SUEÑO

Amados hijos de la Luz, permitidnos llevaros al futuro para que veáis lo que está por venir. Para una imagen de lo que tenéis que esperar al final de vuestras vidas habéis sido traídos al equilibrio y el proceso de limpieza llega a su fin.

Entendemos que estéis cansados, a veces desanimados, y a menudo frustrados. Pero queremos que sepáis que todo esto tiene un propósito, un propósito superior del cual toda la Humanidad se beneficiará. Ningún sacrificio por grande o pequeño que sea, pasa desapercibido. Todos son debidamente anotados y registrados para que las recompensas que coseches por tu dedicación y firmeza puedan ser mil veces devueltas.

Os hemos asegurado que en los tiempos venideros, vosotros que habéis trabajado tan diligentemente y que de hecho habéis sufrido una noche oscura del alma para poner en armonía vuestras muchas partes, comenzareis a ver los milagros de vuestra fe manifestarse en el reino de la materialidad. Vuestro destino se hará más claro y definido y se abrirá para vosotros a medida que los obstáculos caigan por el camino. Vuestra salud y relaciones mejorarán y la desarmonía que aún permanece en vuestro mundo inmediato comenzará a evaporarse a medida que la resistencia parezca desvanecerse.

Los sueños y las visiones comenzarán a clarificarse y enfocarse de forma aguda para que podáis avanzar, creándose de forma sólida y física, manifestando así vuestra nueva realidad, mostrando a aquellos que dudan que lo que habéis estado diciendo todo este tiempo era cierto.

Preparaos para agilizar vuestra vida, queridos. Descartad lo que ya no os sirve, eliminad el equipaje extra de posesiones que en verdad están más en posesión vuestra y de vuestro tiempo, energía y atención. Abrid paso al nuevo modo de vida, el de una comunidad muy unida donde los de mente, corazón e intención similares se juntarán para apoyar, asistir, nutrir y fortalecer todas y cada una de las partes del Todo, sin importar cuán pequeñas sean.

La energía que ha sido derramada sobre vuestra Tierra indiscriminadamente hasta hace poco ahora comenzará a enfocarse en ciertas áreas. Cada uno de vosotros, aquellos que estéis en sintonía y listos, seréis atraídos irrevocablemente a esa área que resuena con vuestra Canción del Alma, el eco de perfección que habéis llevado a través de las edades enterrado profundamente en vuestra estructura celular.

Durante los próximos años, a medida que la energía en estas áreas se intensifique, los milagros comenzarán a manifestarse. Edificios, servicios, hogares, escuelas, racionalizados y eficientes; todo lo que se requiera para ser autosuficientes aparecerá con facilidad. Belleza, equilibrio y armonía serán las palabras clave, y con esto queremos decir que nada será sacrificado o descuidado. La Madre Tierra y la naturaleza tendrán una consideración importante en la planificación, así como la atención a todas las necesidades de la gente, que no estarán en conflicto sino que serán armoniosas y acogedoras.

Aquellos que no resuenan con estas vibraciones superiores no se sentirán cómodos en estos lugares; por lo tanto no tendréis que preocuparos de que nadie que no esté en sintonía se asiente allí. No tendrán ningún deseo de quedarse porque sentirán una clara incomodidad. Sin saber por qué, pero, sin embargo, será muy obvio para ellos.

Las áreas de angustia continuarán siéndolo hasta que, ya sea por cataclismo o asistencia en la limpieza a través de la energía y el poder de los guerreros de la Luz, los seres involucrados comiencen el proceso de despertar y empiecen a tomar el control de su propio destino. Día tras día os estaréis volviendo más poderosos, queridos, y la dinámica de vuestra intención enfocada se está sintiendo ya alrededor del mundo.

Como líderes, los milagros que están comenzando a manifestarse harán que muchos de los que dudan empiecen a notar que algo está sucediendo realmente, que no todo es solo «fantasía, abracadabra». Comenzarán a reconocer que estáis haciendo que las cosas sucedan. Estáis creando armonía en vuestras vidas y a vuestro alrededor. Sois pacíficos y serenos, y ninguna de las turbulencias que están ocurriendo en la conciencia de las masas parece tocaros o tener impacto sobre vosotros.

Ah, entonces verás; ellos vendrán a ti y comenzarán a hacerte preguntas: ¿Cómo es que has logrado todo esto tan fácilmente? (Por supuesto, poco saben.) ¿Qué estás haciendo que es tan diferente? ¿Qué es lo que sabes que nosotros no sabemos? Y les dirás que deben volverse hacia adentro, que ellos también pueden empezar a utilizar el poder del Universo.

¿No ves las barreras que se están rompiendo, no solo las estructuras físicas, sino los sistemas de creencias? El tema del tratamiento de la salud y la importancia del mantenimiento preventivo del cuerpo han adquirido dimensiones completamente nuevas. Los médicos alopáticos están siendo forzados a revisar los anticuados métodos a los que se han aferrado tan obstinadamente durante años. El equilibrio y la armonía del cuerpo, la mente y el espíritu se están convirtiendo en afirmaciones normales para las masas, no solo para los gurús de la Nueva Era. No importa cuánto se resistan los de mentalidad tridimensional; las barreras de raza, credo y cultura se están disolviendo lentamente. El tiempo del aislamiento y del interés propio están llegando a su fin. El tiempo para el lema «todos para uno y uno para todos» está empezando a penetrar en la conciencia común.

La transición y el cambio siempre crean sentimientos de incertidumbre y ansiedad. Pero os decimos esto, queridos: todos los cambios que permitís que ocurran con la intención de un bien más elevado y mejor para todos finalmente traerán consigo todos los sueños y deseos que habéis llevado internamente durante tanto tiempo, manifestándose como vuestro «valiente Nuevo Mundo» de paz, alegría y abundancia.

Deja que los que te rodean vean la fuerza de tu fe, el valor de tu determinación y tu dedicación inquebrantable a tu propósito. Es hora de hablar, queridos, y de declarar vuestra intención, no de predicar sino de expresar amorosa y asertivamente vuestros verdaderos sentimientos; quiénes sois, qué defendéis y cuál es vuestra visión para el futuro de la Tierra y su gente, en oposición a los condenados y a aquellos con una actitud anti-todo que piensan que conocen la verdad y se mantienen a sí mismos y a todos los que los rodean envueltos en un manto de dolor, miedo y negatividad.

Así que os pedimos que salgáis cada día, decididos a vivir cada momento en serenidad y con la seguridad de la perfección que está por venir, fortificados y rodeados de vuestra poderosa Presencia Yo Soy. Haz esta afirmación: «para este día, confiaré en la voz interior de mi conciencia superior, y sé que cada paso que doy y cada tarea que realizo me acerca al sueño que tengo tan cerca de mi corazón».

Todos vosotros, mis queridos y valientes guerreros de la Luz, con vuestra energía amorosa y con nuestra ayuda, apoyareis y elevareis a la Tierra y a sus habitantes hasta el siguiente nivel de conciencia y a una nueva conciencia. No fallaremos, esta vez no. Tenéis la seguridad de todos los seres amados de los reinos superiores. Os envolvemos en un campo áurico de amor y protección.

Yo Soy el Arcángel Miguel.

LA COLUMNA DEL ESPÍRITU
Y LA CRUZ DE LA MATERIA

Amados Maestros de la Luz, os traigo saludos del Altísimo. Hemos hablado de la espada de la Ascensión y de la cruz de la Resurrección; ahora ahondaremos en la cruz del espíritu y de la materia. Descendisteis en el Rayo de Luz que era vuestra conexión con vuestro Ser Divino o Presencia Yo Soy, que era el pilar vertical de energía de Luz. Sin embargo, a medida que bajabais al ambiente de Tercera y Cuarta Dimensión, el reino de lo físico, os anclabais en el pilar horizontal de la materia formando una cruz.

A medida que os volvíais más densos y empapados en materia, el pilar de Luz de vuestro Ser Superior se encogió hasta convertirse en un cordón delgado y estrecho, mientras que el pilar horizontal de la materia se hizo más pesado y grueso. Estas energías están ancladas en el centro de vuestro corazón o alma, el centro de vuestro Ser, y a medida que se desequilibraron con las polaridades de lo físico, comenzó un efecto balancín. Primero inclinándose fuertemente a la derecha y luego a la izquierda, hacia atrás y hacia adelante, como ves, manteniéndote siempre fuera del equilibrio, lejos de estar centrado.

Ese proceso ahora se está invirtiendo; el elemento horizontal transversal que os mantiene anclados en lo físico se está encogiendo, estrechando y acortando en longitud, mientras que el pilar del Yo Soy se está ensanchando, haciéndose más fuerte, resplandeciendo a medida que más y más de vuestro Ser Crístico está siendo accedido. Esta es la simbología de la cruz y el por qué de que Jesús, el Amado, fuera crucificado en una cruz. Su resurrección fue la victoria triunfante del espíritu sobre la materia.

Ese es el proceso que estáis experimentando ahora. Solo que no tendréis que morir en la cruz; trascenderéis la cruz y ascenderéis por la columna de Luz.

A medida que te pones más y más en equilibrio, elevándote por encima de las polaridades, la negatividad y las limitaciones de la experiencia de Tercera Dimensión, te estás gradualmente liberando para poder moverte hacia arriba por ese pilar de la conciencia, ¿ves? Pronto, cuando hayáis absorbido completamente este pilar horizontal en el centro de vuestro corazón, seréis libres de levantar el vuelo hacia el pilar de Luz y fusionaros con vuestro cuerpo de Luz, una faceta más elevada de vuestra alma-yo. Finalmente te pondrás tu manto de Luz iridiscente, y luego, si así lo deseas, podrás descender por este mismo pilar para caminar por la Tierra como un Maestro Ascendido, iluminando el camino de otros. ¿Puedes ver la perfección de este grandioso Plan Divino?

Todos vosotros tenéis los ojos dirigidos hacia los cielos, buscando señales y presagios de lo que está por venir. Os decimos esto: no hay mayor espectáculo en los cielos que el que se está manifestando en vuestro planeta Tierra ahora mismo mientras un alma tras otra estallan en Luz y autoconciencia. A medida que más y más de vosotros accedáis a las energías de manifestación de Cuarta Dimensión superior en preparación para entrar en los maravillosos armónicos de Quinta Dimensión, podremos ayudaros a realizar vuestros sueños, vuestras ambiciones, vuestros deseos. No solo por vuestro propio bien, sino por el bien de toda la Humanidad, la Tierra y su sistema solar. Podemos enviaros la sustancia de la fuerza primordial de la vida de la mente de Dios al ambiente de Tercera y Cuarta Dimensión; sin embargo, nosotros no podemos manifestar lo que vosotros deseéis. Esa es tarea vuestra. Solo cuando comencéis a acceder a las refinadas vibraciones de los reinos superiores podremos ayudaros y apoyar vuestros esfuerzos.

Muchos de vosotros os lamentáis de haber orado, meditado, afirmado la abundancia, la buena salud, etc., sin éxito. No te convertirás en un «maestro cocreativo» hasta que vuelvas a equilibrar y armonizar esta cruz de materia. Entonces seréis capaces de elevar vuestra conciencia a las frecuencias más altas de la Luz para que podáis acceder a los tesoros de la manifestación.

Imaginaos a vosotros mismos como perfectos. Ved vuestras pruebas y problemas como lo que son: ilusión o mala aplicación de la energía o el pensamiento. Os hemos dicho que debéis comenzar a ver vuestro mundo desde el punto de vista de un maestro, y con eso queremos decir que debéis ver todo en equilibrio y armonía. Cuando traigáis ese pilar de conciencia material de regreso a su lugar apropiado, al centro de vuestro corazón, vuestra alma estallará en una resplandeciente Luz dorada de conciencia, poder, verdad y pureza.

¿No os dais cuenta de que aunque estáis anclados etéricamente en el centro de vuestra Tierra, lo cual os permitió vivir esta experiencia de dualidad, originalmente venís del centro de la perfección, del centro del Sagrado Corazón de vuestro Padre/Madre/Creador? Todavía estáis anclados allí, pero el tira y afloja de las dimensiones inferiores ha estirado esa conexión hasta un punto de ruptura. Debéis liberar el estrés y la tensión de vuestra alma, queridos. Mantened vuestros pies anclados en la Tierra el tiempo que os queda, pero liberad vuestra alma y vuestro espíritu para que vuelvan a volar por ese sendero de Luz por el cual descendieron.

A medida que os volváis más equilibrados, liberando las polaridades de vuestra vida, también estaréis liberando a la Tierra del estrés y la tensión del tira y afloja de la dualidad/polaridad. Cuando os convirtáis en seres de Luz totalmente empoderados, el espectro completo de energía de Luz de vuestro Padre/Madre/Dios fluirá —más aún— derramándose en grandes corrientes a través de vosotros y hacia la Tierra y la Humanidad. Entonces, queridos, veréis los milagros de la Nueva Era surgir de verdad.

Debéis daros cuenta, mientras estáis en esta experiencia de limitación de Tercera y Cuarta Dimensión, que todos los puntos de vista tienen el mismo derecho a existir, que son válidos para alguien. No tienes que estar de acuerdo o condenar esos conceptos de baja frecuencia; existen debido a las lecciones que la mayoría de la Humanidad debe experimentar. No entregues las formas mentales del poder y la fuerza a las vibraciones inferiores resistiéndolas, odiándolas o combatiéndolas. Libéralas a través del amor desde tu conocimiento superior y con la Llama Violeta transmutadora. Camina con tu poder y con tu verdad, pero advierte que no te corresponde a ti cambiar la mente de nadie o hacer que él/ella cambie a tu imagen.

Si estáis totalmente rodeados y llenos de la Luz de vuestra alma-yo, nada de la negatividad que se arremolina a vuestro alrededor os afectará. Al contrario; tú la afectarás a ella siendo quien y lo que eres. Bendice a los mal informados, consuela a los oprimidos, reza por todos aquellos que todavía trabajan y sufren en la prisión de sus modelos de pensamiento negativos. Estáis marcando la diferencia, amados maestros. Los planos astrales inferiores están siendo limpiados lentamente de toda la energía de mala calidad de las edades, permitiendo que más y más Luz pura se filtre sobre vuestro mundo y a los corazones de la Humanidad. A medida que fortalezcáis este pilar de vuestra Presencia Yo Soy, más de la pura energía de la Fuerza de Dios será dirigida hacia vosotros como portadores de Luz, como maestros de la co-creación.

En vuestras meditaciones, ved esta cruz de materia encogiéndose, volviéndose más pequeña y disolviéndose en el centro de vuestro corazón. Veos a vosotros mismos levantándoos sobre un pilar de luz blanca dorada para encontraros con nosotros, para uniros a nosotros en los mundos selectos de los reinos superiores. Ved la cruz de la materia encogiéndose alrededor del mundo, liberando a vuestra Tierra y a toda la Humanidad, para que todo lo que quede sean grandes rayos blancos de Luz descendiendo desde los cielos, perforando todos y cada uno de los corazones, y también vuestro planeta, hasta que todo sea un resplandeciente faro de Luz brillando hacia el Universo, declarando el nacimiento de una nueva estrella sagrada, la Tierra.

Primero debe venir el reconocimiento de lo que está fuera de equilibrio y lo que no es para la más alta verdad y beneficio de todos, queridos. Luego deben llegar las reestructuraciones, las correcciones —a veces, incluso a través de la destrucción— que despejen el camino. Luego viene la resolución: las soluciones del alma, la rectificación. La resurrección en una forma superior: la forma de la verdad, la unidad y el equilibrio. Este es el camino en el que estás. Esta es la tarea que tenéis ante vosotros.

Utiliza el poder de tu pirámide de cristal de Quinta Dimensión en tus meditaciones para acceder al mundo etérico de tu alma-yo. Aquí te acercarás a ti mismo a los patrones de frecuencia de manifestación y empoderamiento. Sabed que, a medida que construís conscientemente esta visión en vuestra mente, estáis activando estas pirámides de Luz cristalina en los reinos etéricos. Y, en el momento apropiado, se manifestarán alrededor del mundo las ciudades de Luz del futuro. Se convertirán en los centros sagrados de la energía cósmica de la Mente Universal, lugares de iluminación, sanación y sabiduría. Construid estas ciudades de Luz en vuestras mentes mientras visualizáis un nuevo mundo lleno de los milagros del futuro.

Cuidad y monitoread vuestros pensamientos, queridos, porque se están volviendo más poderosos a medida que perfeccionáis vuestras habilidades cocreativas. No aumentéis los desequilibrios de vuestro mundo, sino concentraos en el equilibrio y la armonía, para que podáis ayudar a vuestros hermanos y hermanas a armonizar y crear unidad y paz tanto dentro como fuera. Aprended a crear tal aura de paz y armonía alrededor de vosotros mismos que, dondequiera que vayáis, esparzáis la Luz de la perfección y dejéis a vuestro paso el resplandor del Amor/Luz pura.

Os estamos ayudando de todas las formas posibles, queridos, y esperamos el día en que vuestra conciencia esté lo suficientemente equilibrada como para alcanzar y tocar la nuestra, para que podamos infundiros con el regalo de la conciencia pura y la expansión de la iluminación. Ese día prevemos que ocurra en un futuro cercano. Manteneos firmes, queridos, no fracasaréis. Estamos muy contentos de vuestro progreso.

Yo, el Arcángel Miguel y la Hostia Celestial os saludamos.

ROMPIENDO ACUERDOS, LIBERANDO CONCEPTOS ANTICUADOS

Amados maestros de la Luz, yo, el Arcángel Miguel, os hablo a cada uno de vosotros que leéis estos mensajes como si estuviéramos en comunicación directa unos con otros, porque de hecho lo estamos. Vosotros, que resonáis con mi nombre, mi imagen, mis palabras, estáis llamados a reclamar vuestra identidad, vuestra afiliación conmigo y con mis legiones, vuestra herencia divina.

Debéis comenzar aceptando la responsabilidad del mundo que habéis creado y luego esforzaros seriamente en rectificar y equilibrar todas las imperfecciones que hay a vuestro alrededor. Es tiempo de que os liberéis de todos los conceptos anticuados, viejos, falsos, verdades a medias y falsedades que han permitido que os gobiernen durante todas estas épocas pasadas. Es hora de que rompáis todos los acuerdos que habéis hecho con todas las otras partes o fragmentos de vosotros mismos. Disolved todos los lazos y acuerdos kármicos que hayáis hecho, liberad todas las impresiones restrictivas y vinculantes que han sido colocadas en vuestra alma o en vuestro cuerpo etérico desde vuestra primera encarnación en el plano físico. A estos a veces se les llama cristales oscuros o claros, impresiones, implantes o codificaciones; no importa cómo se les llame, es tiempo de llenarse de Luz, que está repleta de verdadero conocimiento, la sabiduría de la Mente-Dios.

Puedes empezar por tomar conciencia de los diferentes tipos de acuerdos que has hecho y liberarte amorosamente de ellos, así como de cualquier otra persona implicada. Esto incluye cualquier acuerdo hecho con entidades en el plano astral, que están retardando tu crecimiento así como el suyo. Comienza por escribir una lista personal de todos y cada uno de los acuerdos que desees romper. Haz esta lista tan larga y detallada como sea necesario. Medita sobre cada elemento y trata de sentir el núcleo y la causa. En otras palabras, permitid que vuestro Ser Superior os guíe a través de la meditación hasta que sintáis que habéis alcanzado un entendimiento respecto a vuestra fuente, y luego infundidlo con la Llama Violeta de Transmutación, liberándoos a vosotros mismos y a cualquier otra persona implicada. Resuelve el acuerdo en su totalidad, pasado, presente y futuro, y envía toda tu energía a la Luz para que sea transmutada en perfección.

Esto puede tomar algún trabajo y algún tiempo e involucrará tu participación en una meditación activa o comunión con tu Ser Superior, tus guías y maestros. El beneficio será doble: despejarás el camino para una mayor infusión de energía cósmica pura, llevando así a tus vehículos corporales a una alineación más perfecta, y también comenzarás a construir una relación de trabajo activa con tus guías y maestros. Los resultados serán transformadores y aparentemente milagrosos. Estate preparado para dedicar todo el tiempo necesario a cada acuerdo hasta que sientas que se ha completado. También estaos preparados para que vuestras relaciones comiencen a cambiar y evolucionar inmediatamente. A medida que liberes los acuerdos restrictivos, tuyos y de otros, ten en cuenta que algunas relaciones probablemente se terminarán. Permitid que se lleven a cabo transiciones en vuestras formas de ser, pensar e interactuar con los demás.

El primer paso para el crecimiento espiritual es la conciencia de que algo necesita ser cambiado. El siguiente paso es tener el valor y la voluntad de hacer los cambios necesarios. Esta es la base del proceso de Ascensión, queridos: liberad las energías restrictivas y limitantes de Tercera Dimensión que os atan y reemplazadlas por las vibraciones de poder, ilimitadas y amorosas de Cuarta y Quinta Dimensión superiores.

Después de haber trabajado con el proceso de reprogramación de vuestras naturalezas mentales y emocionales liberando las viejas restricciones es tiempo de construir y crear una nueva visión de vuestro Ser, más grande y expandida, el co-creador magistral que estáis destinados a ser, aquello respecto de lo cual actualmente solo tenéis un entendimiento limitado. Os pusimos un desafío hace poco tiempo: una manera de construir vuestro mundo externo y manifestar lo que queréis en vuestro mundo perfecto en el plano físico. Ahora os pedimos que comencéis a construir y fortalecer esa visión de cómo funcionareis en este mundo liberando todas esas energías que ya no os sirven. Esto te ayudará a definir más perfectamente quién eres, en qué te convertirás, cómo te sientes y qué harás en este nuevo mundo perfecto. Debéis construir un mundo que debe ser compartido con todos los demás, para el bien y beneficio más elevado de todos. No puede haber deseos egoístas incluidos en este gran Plan. Hay suficiente abundancia, generosidad, alegría, amor, paz, placer y comodidad para toda la Humanidad si todos vosotros os quitáis las orejeras de la limitación, el egoísmo, la codicia y el miedo.

Debes construir un círculo interior para tu visión. Cuidadosa, meticulosamente, con el más pequeño detalle, visualiza y luego expresa por escrito cuál es tu visión de ti mismo: quién eres, cómo te sentirás e interactuarás con los demás, qué deseas llegar a ser y qué deseas hacer. Identifica detalladamente lo que deseas lograr durante el resto de tu tiempo en este plano físico; un mapa de ruta, tu plan de juego a largo plazo. Decide y define a quién necesitarás para ayudarte a lograr ese plan. No coloquéis nombres o rostros en el plan, solo atributos, y luego dejad que el Universo os provea de aquellos que son más armoniosos con vuestra visión.

Estáis preparando el escenario para atraer a vuestra familia del alma –vuestras contrapartes perfectas– los fragmentos de vuestro Ser más grande. Hemos prometido que ya no tendréis que esforzaros o luchar solos, y este es el cumplimiento de esa promesa. Sin embargo, debemos pediros que primero despejéis el camino para que las energías más armoniosas y perfectas, junto con las almas apropiadas, entren en vuestra conciencia y en vuestro círculo interior.

Luego os pedimos que extendáis vuestra visión a vuestro círculo exterior, o al mundo en general, creando así un círculo de influencia más amplio. ¿Cómo lo imaginas? ¿Cuál es tu parte en esto? ¿Cómo encaja en el Todo mayor? Con esto nos referimos a aquella con lo que tu grupo y tu círculo interno contribuirán a tu comunidad, estado, país, el mundo, el sistema solar, y así sucesivamente. Todo debe estar en armonía con las octavas más altas del nuevo plano divino a medida que tu Tierra gira en espiral hacia la Quinta Dimensión, y tu sistema solar, galaxia y sub-universo evolucionan hacia el siguiente escalón más alto de sintonía con el Gran Sol Central.

También sería útil si utilizaras la gran herramienta de sanación de los armónicos o tonificación, a medida que buscas romper estos acuerdos. Si no estás familiarizado con el término o proceso, hay numerosos audios y explicaciones de cómo se hace. El principio básico es el de liberar las energías alcanzadas a través del sonido. Permítete experimentar con sonidos fuertes (sin gritar); suelta tu respiración con un fuerte y agudo sonido «POW», o canta «AUM u OM» en varias octavas, incluso con gemidos fuertes, o con expulsiones agudas de sonido, lo que facilita la liberación de energía profundamente acumulada. Aquí no entraremos en más detalles sobre el proceso, ya que hay muchas buenas fuentes disponibles con esta información. Pero ten la seguridad de que esta es una herramienta útil y válida que será utilizada cada vez más, junto con el color y la aromaterapia, para equilibrar y sanar el cuerpo/mente en esta Nueva Era emergente.

Os pedimos que abráis vuestra mente, que expandáis vuestra conciencia y comencéis a utilizar todas las herramientas que se os están ofreciendo durante estos momentos trascendentales de cambio. Como hemos dicho muchas veces antes, comenzad a uniros para crear sinergia y un esfuerzo cooperativo para lograr estas tareas de sanación y equilibrio para que no tengáis que luchar solos. La unidad y dedicación al propósito, la interacción amorosa con personas de ideas afines es uno de los regalos más grandes que se os ofrece en este momento. No permanezcáis aislados en el dolor y el rechazo. Sabed que hay quienes tienen el mismo propósito que vosotros, los mismos deseos y metas. Todo lo que tienes que hacer es efectuar la llamada y hacer el esfuerzo, y ellos aparecerán uno por uno, como por arte de magia. Vuestra amorosa intención vibratoria irradiará la llamada y aquellos con la misma vibración la sentirán y serán atraídos hacia vosotros.

Los vientos de cambio soplan con fuerza. El impacto vibratorio de las influencias planetarias está creando ondas de choque en todo el planeta Tierra. La Tierra está en mitad de su limpieza emocional, como lo demuestra el gran crecimiento que está teniendo lugar cada vez con más frecuencia en vuestro país y en otras áreas del mundo. La Humanidad está más y más ansiosa y angustiada por estas energías, y es de suma importancia que busquéis estar equilibrados, en armonía y fuertes en conciencia espiritual para poder capear los tiempos de incertidumbre y las tormentas de cambio.

Dejaos elevar y ser llevados por las ondas de Ascensión, o las ondas de iluminación espiritual, la infiltración de Luz dentro de vosotros, que es sabiduría espiritual, la permeación de Luz alrededor del mundo, que traerá paz, amor y unidad a la Humanidad. Nosotros, los de los reinos celestiales, estamos aquí para serviros y nutriros durante este tiempo de renacimiento y transformación. Yo, el Arcángel Miguel, ofrezco mi amorosa protección y guía. Llámame y te responderé.

«Acuerdos que deseo romper. Cosas que deseo liberar para poder realizar mi más alta sabiduría y poder espiritual. Llamo a mi poderosa Presencia para que me llene de sabiduría, discernimiento e intención amorosa. ¡Así sea! ¡Así es!».

1. *Libero todas y cada una de las expectativas que tengo sobre mi crecimiento y avance espiritual. Viviré cada día en el momento, concentrándome en poner en armonía mi cuerpo, mente y emociones con mi Ser Superior.*

2. *Libero todos los acuerdos con mi madre, padre, mis hijos, hijastros, mi esposo/esposa, mis hermanos, hermanas, amigos, mi ex marido/ex mujer, o cualquier otra persona que me mantenga atascado en una realidad de Tercera Dimensión.*

3. *Libero todos los conceptos inválidos sobre el valor de amor, alegría, paz, armonía, seguridad, abundancia, creatividad, vitalidad juvenil, salud y bienestar, envejecimiento y muerte.*

4. *Libero la necesidad de salvar al mundo o a cualquiera que esté en él. Me doy cuenta de que mi misión es aceptar mi maestría y ser un ejemplo vivo y amoroso para todos, sin expectativas con nadie.*

5. *Libero todo condicionamiento y memorias celulares sobre mi forma corporal. Reclamo mi derecho de nacimiento dado por Dios de belleza, vitalidad, salud y bienestar, sabiendo que este es mi estado natural de Ser. Solo tengo que seguir los empellones del espíritu para manifestar esta perfección.*

6. *Libero todas las expectativas respecto a mi creatividad y mi trabajo. Trabajo y creo por la alegría de hacerlo, y sé que mi abundancia y recursos provienen del espíritu y no de mis esfuerzos, solo de la creencia acerca de mi valía.*

7. *Libero cualquier y todo asimiento que el gobierno y el sistema establecido de Tercera Dimensión tienen sobre mí. No me controlan a mí ni a mi abundancia y seguridad. Estoy totalmente capacitado para manifestar seguridad, para ser totalmente autosuficiente y para controlar mi destino por completo.*

8. *Libero todas las deudas kármicas residuales y la energía de mala calidad que hay dentro de mí y de mis cuerpos físico, mental, emocional y astral. Ahora resuelvo todos los condicionamientos con gracia y facilidad, y buscaré expandir mi capacidad como portador de Luz Creadora para unirme a la co-creación del Cielo en la Tierra.*

9. *Libero cualquier concepto erróneo con respecto a mi habilidad para obtener conocimiento, sabiduría e información pertinente del espíritu y de los reinos superiores. Produzco nuevos conocimientos, conceptos y sabiduría para aprender, crecer y servir de ejemplo viviente.*

10. *Libero todo juicio, toda idea preconcebida y toda expectativa acerca de otras personas, sabiendo que están en su propio lugar perfecto y evolucionando. Doy amor y aliento, y solo ofrezco información cuando se me pide y lo hago con la advertencia de que mi verdad puede no ser su verdad. ¡Y así es!*

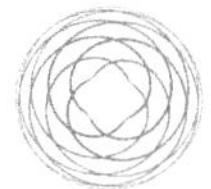

MAESTROS DE LUZ

Amados Maestros, Yo, el Arcángel Miguel, os traigo saludos del Altísimo. Ya no seréis llamados «Hijos de la Luz» porque muchos de vosotros habéis superado ese título o ese nivel de entrenamiento. Es hora de que salgáis y reclaméis vuestra verdadera identidad, la de Maestros de la Luz, guerreros de las vastas legiones de Luz que han venido a rescatar a este planeta llamado Tierra y a sus habitantes de la oscuridad y las limitaciones de la desunión. Es tiempo para la graduación, queridos, tiempo de dejar ir los sentimientos de impotencia y soledad, tiempo de sentir la oleada de poder desde dentro de vosotros que está siendo suministrada por vuestro Ser Superior, la cual os ayudará a sentir la unidad de todos si lo permitís.

Liberad las pequeñas imágenes de vuestra realidad, queridos, y comenzad a veros a vosotros mismos y a vuestro mundo desde el punto de vista de un maestro, con una mayor visión general. Habéis investigado y profundizado en vuestras vidas y experiencias pasadas para comprenderos mejor y para resolver los problemas residuales de desequilibrio, pero ahora es el momento de liberar esa pequeña parte de vuestra gran y extensa historia. Todas vuestra experiencias en la Tierra fueron parte de un proceso de crecimiento, un proceso evolutivo que fue diseñado para prepararos para este tiempo, la culminación de este experimento divino.

Suelta los pequeños detalles y concéntrate en el amplio drama que se está desarrollando. Buscad el *leit motiv* en vuestras vidas que os dirá cuál será vuestro papel en el drama final de la Ascensión. No lamentéis no saber dónde está vuestro destino, o cuál es vuestra misión; vuestra destino es la Ascensión y vuestra misión es la que se os está mostrando cada día; enfrentaos a ella, aceptadla reconocedla, y aumentará y crecerá en vuestro corazón y en vuestra conciencia.

Puede ser algo tan simple como convertiros en un faro de Luz, un ejemplo viviente, mostrando a otros cómo actuar y reaccionar ante cualquier situación. Vosotros, que sois maestros, sabéis que sois maestros porque habéis enseñado de una manera u otra durante toda vuestra vida. Vosotros, que sois líderes y organizadores, no podéis dejar de hacerlo, así que os imploramos que reclaméis vuestro poder con sabiduría, autoridad y compasión. Vosotros, que sois sanadores, dejad de negar vuestras habilidades. Comenzad a permitir de forma consciente que la poderosa energía sanadora de nuestro Padre/Madre Dios fluya a través vuestro, sabiendo que vosotros solo sois el transmisor o vehículo por el cual otros aceptan su salud e integridad.

Los sanadores de la Tierra y los que están en sintonía con el reino dévico son de enorme importancia, y es hora de que comencéis a mostrarle al mundo la magia de la que sois capaces, la tarea críticamente importante de traer al equilibrio y la armonía los muchos elementos de la naturaleza con la Humanidad para que todos coexistan una vez más para el mayor beneficio de todos. Tú puedes colocarte en una de las cuatro categorías para empezar: ¿es tu enfoque de naturaleza física, mental, emocional o espiritual? Y a partir de ahí, ¿es un foco de integración, equilibrio, expansión o eliminación?

Por ahora debéis daros cuenta de que todos estos elementos conducen al mismo lugar: la conciencia de quiénes sois, que es la de un maestro en el proceso de Ascensión. Es hora de dejar de juzgar cualquier cosa o a alguien como bueno o malo, como menos o más. Es el momento de ver vuestro mundo y sus eventos desde una perspectiva selecta, un punto de vista dimensional más elevado desde el cual podréis ver que todo es perfecto y que cada persona está exactamente donde necesita estar; en la situación y circunstancias exactas para su mayor progreso hacia la Luz.

Os alegrará saber que os estamos echando una mano en muchos acontecimientos, moviendo las cosas más rápidamente se podría decir, y esto es gracias al consentimiento y la cooperación de todos vosotros, la vanguardia, las semillas estelares. El tiempo se está acelerando (lo que en realidad está causado por el aumento del ritmo vibratorio que vosotros y vuestra Tierra estáis experimentando), y los eventos están siendo comprimidos en un marco de tiempo más corto. Así que puede parecer como si muchas más cosas negativas estuvieran sucediendo a vuestro alrededor. Pero el resultado es que cada vez más personas están empezando a darse cuenta de que es hora de cambiar; las cosas ya no son como antes. Hay malestar, descontento, miedo y un sentimiento de impotencia. Aquí es donde intervenís para dar respuestas, ejemplo, de la nueva conciencia.

Así que no desesperéis por que vuestro mundo y la Humanidad se estén hundiendo más abajo y estén perdidos. Al contrario, amados, estáis en el camino a casa. Estáis llevando la Luz del mundo sobre vuestros hombros y es tiempo de dejar transportar vuestros grandes rayos a través de los cielos, alrededor y a través de la Tierra.

Es tiempo de traer la oscuridad a la Luz; de equilibrar las polaridades de las energías masculinas y femeninas; de enfocarse en la Chispa Divina de la Fuerza Divina de Dios en todos y en todo para así transmitir sus rayos de Amor/Luz indiscriminadamente a todas las personas y a cada situación. Un Maestro ve perfección y Luz en todos y en todo.

La Luz creadora que está siendo enviada a cada uno de vosotros que habéis alcanzado la Maestría Personal no puede ser recalificada, queridos. La Luz creadora son átomos-semilla de fuego blanco de la fuente más elevada, y el Amor/Luz a la Tierra y a la Humanidad de nuestro Padre/Madre/Dios es la herramienta de manifestación en su forma más elevada. Es enviada desde el Trono de Todo lo Que Es y filtrada hacia vosotros a través del Gran Sol Central de este sistema solar y la jerarquía de la Hueste Celestial. Vosotros a su vez actuáis como transductores y transmisores de esta energía pura y debe ser activada por vosotros para el bien más elevado de todos. Recordad, donde sea o en lo que sea que enfoquéis vuestras intenciones, esto se ve afectado de la manera más grande posible; es iluminado o transformado al grado o nivel de vuestra capacidad para recibir esta pura energía cósmica.

Por otro lado, la energía electromagnética, la Luz de medio espectro, o la «energía de manifestación» que está disponible en el ambiente de Tercera y baja Cuarta Dimensión, es maleable o cambiable conforme al ritmo vibratorio del usuario y su libre albedrío. ¡Se puede utilizar tanto positiva como negativamente!

¿Ves la diferencia? Por lo tanto, no tengáis miedo de aumentar la energía o el poder de una fuerza negativa cuando irradiáis hacia ella la Luz selecta de la transformación. Por el contrario, queridos, estáis realizando un gran servicio porque estáis amando las formas de pensamiento desequilibradas y libres; las estáis liberando de las ataduras de la oscuridad. Cuando suficientes de vosotros comencéis a enfocar la Luz creadora a las áreas oscuras de vuestro mundo y sistema solar, sí, incluso Lucifer y su banda de ángeles gradualmente se volverán hacia la Luz. A lo largo de estos miles de años habéis cumplido vuestra misión, y ahora es el momento de poner fin a este experimento de polaridad/dualidad. No podrán resistirse. El Creador ha ordenado que todas sus creaciones deben regresar a la Luz, no solo partes de ella. ¿Es tan difícil aceptar la premisa de que nuestro Padre/Madre/Dios es capaz de transformar y recibir todas sus creaciones en su elevado dominio, el lugar de donde todos venimos, sin importar el nivel de densidad en el que nos hayamos hundido?

Dejad ir al miedo, amados. Sentid la perfección del Plan: la gran separación, el viaje hacia los confines del Universo más lejano; los sentimientos de desesperación e inutilidad que se han convertido en un sentimiento de esperanza y una nueva visión a medida que inexorablemente regresáis a la armonía en vuestro sistema solar, galaxia, subuniverso, y finalmente con el Dios Madre/Padre de este Universo. Todos estamos en este asombroso viaje juntos, amados seres. Estamos siempre cerca para guiaros, protegeros, inspiraros y dirigiros. Sois muy profundamente amados.

Yo Soy el Arcángel Miguel y os traigo estas verdades.

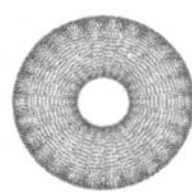

LOS REINOS ANGÉLICOS SE VOLVERÁN MÁS REALES Y SE APARECERÁN MÁS A MENUDO EN LOS GLORIOSOS DÍAS VENIDEROS

Amados Maestros de Luz, deseo que sintáis mi presencia, que sepáis que no estoy en algún lugar de «ahí fuera», sino a una dimensión de distancia interactuando con vosotros e infundiéndoos amor y protección, si me lo permitís. Así que por un momento cerrad los ojos y ved si podéis sentir el cálido y relajante flujo del amor del Creador que os estoy transmitiendo. Puedes sentir un hormigueo, o una sensación de expansión, o simplemente una suave sensación de bienestar, pero no hagas juicios, solo permite.

Deseamos que comiences a sentir con tu percepción extrasensorial tu verdadera naturaleza de sentimiento y que no seas gobernado por la naturaleza emocional de tu ego. Queremos que comencéis a aceptar la idea de que puede haber Cielo en la Tierra y que podéis caminar entre los ángeles y los maestros. Ya lo habéis hecho antes y el momento en que volverá a ser posible se está acercando rápidamente.

Es hora de que sintonicéis con los tonos sanadores y vibrantes de las frecuencias más altas. Estos son tonos que no puedes oír con tus oídos físicos tridimensionales, excepto quizás, de vez en cuando, cuando sientes un zumbido de alta frecuencia en los oídos. Pero a medida que equilibréis más vuestros cuatro cuerpos inferiores os volveréis sensibles a estas frecuencias más altas de sonido y color.

A medida que vosotros y vuestra Tierra comencéis a experimentar más y más el refinamiento de Cuarta y Quinta Densidad moviéndoos a través de los diferentes planos y niveles, estaréis expuestos a lo que podríais llamar fenómenos inusuales. Sin embargo, en verdad son mucho más normales que la ilusión en la que habéis existido durante tantas edades. Es por eso por lo que podemos interactuar con vosotros más fácilmente. Es por eso por lo que hay tantas más apariciones de fuerzas angélicas alrededor del mundo, y por eso están siendo traídas a la conciencia de la Humanidad.

¿No ves la perfección de esto? Primero, a mediados de los ochenta hubo un renovado interés por el reino angelical. Muchos de vosotros comenzasteis a estudiar e investigar, estimulados por un fuerte deseo de saber más sobre las dimensiones superiores. Comenzasteis a invitarnos a ser parte de vuestras meditaciones y a formar parte activa de vuestra vida diaria, dándonos así permiso para dar a conocer nuestra presencia. Y ahora estáis viendo los resultados. Hay ángeles por todas partes, cuadros, estatuas, postales, libros de ángeles, películas. Las historias sobre los rescates angélicos y las intervenciones abundan, y los avistamientos o visitas se están convirtiendo en algo casi común. ¿Ves pues el cambio que tu percepción ha creado?

Vuestra Tierra se está moviendo rápidamente hacia una frecuencia de Cuarta Dimensión, haciendo posible que podamos interactuar con vosotros una vez más. Esto era difícil cuando estabais en la niebla y la densidad de Tercera Dimensión. También nos disteis permiso, desde vuestro libre albedrío, permitiendo así nuestra interacción y alegre participación.

El velo de la ilusión está adelgazando e incluso se está disolviendo para muchos de vosotros. Estás empezando a darte cuenta de que no tienes que sufrir, que el Creador nunca quiso que vivieras en agonía o sintieras un dolor tan intenso. Estáis comenzando a vislumbrar cuán vasta es la Creación y cuán asombrosos y poderosos sois realmente. Estáis adquiriendo una nueva percepción de lo que es el reino material, y que tenéis opciones en cuanto a lo que experimentaréis; que el dolor y la lucha son causados por el miedo al cambio y lo desconocido. Empiezas a tomar conciencia de que no estás en este plano físico solo para adquirir «cosas» –riqueza material y posesiones–, y que debes luchar para conseguir tu parte porque no hay suficiente para todos.

Vinisteis para anclar el espíritu en los reinos físicos de la existencia, para traer bajo el control del espíritu los cuerpos emocional y mental, para experimentar la solidez y el gozo de co-crear en el plano material, permitiendo así que el Creador experimentara la fisicalidad. Pero a medida que pasaron las edades y os hundisteis más en la densidad, empezasteis a creer en la ilusión de que la existencia física era el mundo real, el verdadero tú. Nada podría estar más lejos de la verdad, queridos. Eres un espíritu, una chispa del Divino Creador, en una estructura física, no al revés. Lo que está sucediendo ahora es que estáis siendo traídos de vuelta a la conciencia y alineación con esta verdad.

A medida que avancéis a lo largo de estos próximos meses y años, por favor sed conscientes de que todos los ajustes por los que estáis pasando, las molestias físicas, os están trayendo de regreso a la alineación con vuestro verdadero Ser, preparando el camino para el resurgir de vuestro magnífico Ser espiritual: un Ser espiritual/humano residiendo en una forma física. Permitid que los desequilibrios, emociones y olas de tristeza fluyan libremente a través vuestro, liberando así viejos recuerdos, energías enquistadas, negatividad y creencias dañinas que ya no os sirven. Sé gentil con tus amigos y compañeros, y apóyalos en sus momentos de vulnerabilidad, de la misma manera que debes pedir su apoyo y no que te juzguen en tus momentos de estrés. Estamos todos juntos en esto, mis preciosos. Toda la Creación se mueve al unísono hacia un nuevo nivel de conciencia.

Podríais cuestionar lo que vosotros o la Tierra podéis hacer para ayudarnos a los reinos superiores en nuestra evolución. Nunca confundáis cuán importantes sois y cuán vital es para la Humanidad y la Tierra unirse en la progresión del Universo hacia la perfección del Creador. El experimento en la Tierra ha sido grandioso y mucho se ha aprendido y añadido a la conciencia universal. Eres valiente y audaz, y tus esfuerzos no han pasado desapercibidos. Habéis logrado más de lo que nunca se pensó que fuera posible en estos últimos cincuenta años de vuestro tiempo. A medida que os movéis hacia arriba en la escala evolutiva, añadís una nueva dimensión de conciencia, un nuevo refinamiento a la naturaleza emocional y mental de la Creación, y una nueva comprensión del amor en la expresión física.

Así que os pedimos que comencéis a sentir nuestra presencia; que abráis vuestras mentes a la maravillosa posibilidad de que podamos aparecernos ante vosotros o entre vosotros; que no estamos en algún lugar lejano, sino que estamos aquí a vuestro lado cuando empezáis a conectaros con los planos superiores de la experiencia. Estamos anticipando que más y más de vosotros abriréis o despejaréis los caminos para la interacción telepática cósmica. Qué gran experiencia será para nosotros poder comunicarnos contigo de forma regular y que puedas acceder a diferentes fuentes de información a tu antojo. A medida que elevéis vuestra conciencia, podréis acceder a más de la gran sabiduría y verdades de la Creación. Es por eso por lo que en este momento se está produciendo tanta información nueva. Pero, ¿no sería mejor si pudieras ir hacia adentro y aprovechar estas fuentes tú mismo? La naturaleza emocional de la comunicación directa y la interacción de la experiencia os moverán rápidamente más allá de muchas de vuestras viejas barreras y sistemas de creencias hacia nuevos reinos de posibilidad.

Los años venideros serán tiempos de intensa limpieza y liberación de las viejas energías residuales, creencias y restricciones que ya no os sirven y os mantienen prisioneros en la experiencia de las Tercera y Cuarta Dimensión inferiores. Os animamos a que salgáis del molde que os tiene encarcelados, a que seáis lo suficientemente atrevidos como para alcanzar y abrazar la divinidad y la soberanía que se os está ofreciendo. No os arrepentiréis, queridos. No; de hecho, te preguntarás por qué dudaste y cómo exististe durante tanto tiempo en el dolor y la limitación de tu viejo mundo. La ilusión se está desvaneciendo; permitid que las nuevas vistas, el nuevo mundo del mañana emerjan en vuestra conciencia para que podáis llevarlas a buen término, a la plena manifestación tan pronto como sea posible.

Es hora, mis valientes guerreros, y siempre estamos cerca para daros aliento, guía y dirección. Y, sobre todo, para que toméis conciencia del gran amor que nosotros y toda la Creación sentimos por vosotros.

Yo, el Arcángel Miguel, os traigo estas verdades.

ERES EL YO SUPERIOR DE LOS FRAGMENTOS QUE HAS CREADO

Amados Maestros de la Luz, os traigo saludos del Altísimo. Permitidnos continuar nuestras lecciones con respecto al Espíritu y la materia, solo que en esta ocasión hablaremos del poder de vuestras formas-pensamiento y de las expresiones de energía que habéis creado a lo largo de las edades con vuestros poderes de manifestación.

Cada uno de vosotros es un fragmento de una sobre-alma más grande, una faceta individualizada de un ser de Luz mucho más grande. Cada chispa de Dios individualizada fue creada para manifestar y experimentar los reinos materiales de la existencia. A lo largo de las edades, los reinos materiales de la Luz se han expandido más y más hacia el Gran Vacío, a medida que el flujo y reflujo de la Conciencia Creadora continúa fluyendo en los interminables ciclos de la Creación.

A través de prueba y error, mientras estáis inmersos en la densidad de Tercera Dimensión habéis fragmentado vuestra alma, construyendo extensiones de vosotros mismos, a las que tal vez deseéis llamar entidades, que están unidas a vosotros por hilos de energía, y que residen ya sea en dimensiones más altas o más bajas, dependiendo de las frecuencias de energía que las hayan alimentado. Esto es parcialmente lo que significa cuando decimos que tenéis muchos yoes paralelos o vidas en dimensiones paralelas.

Ahora se os está diciendo que todo está siendo reunido, reconectado, reincorporado a sí mismo en el camino de regreso a los niveles más refinados de energía o Creación. Por lo tanto, estas partes de vosotros mismos —sean armoniosas o no— están siendo traídas a vuestra experiencia, algunas veces creando gran alegría y nueva conciencia, pero la mayoría de las veces creando incomodidad y desequilibrio. Hemos escuchado a muchos de vosotros lamentaros, «¿por qué tiene que ser tan difícil ser un trabajador de la Luz? Nos esforzamos tanto, ¿por qué tiene que haber tantos desafíos y obstáculos en nuestro camino?».

Os decimos esto: en primer lugar, porque el tiempo, tal como lo conocéis, se está acelerando mucho; lo que normalmente tomaría vidas está sucediendo en meses y años. Estáis siendo reunidos con la miríada de muchas partes de vosotros mismos, ya sea que esa parte de vosotros esté empapada en la creencia de falta y pobreza, indignidad o falta de amor (y por lo tanto, no logre atraer hacia vosotros relaciones que valgan la pena o amorosas), o la negación de las habilidades creativas que buscáis. O si continuamente te sientes impotente y a merced de otros, o crees en la violencia y en la batalla contra las fuerzas oscuras, o en la mala salud y en la inevitabilidad del proceso de envejecimiento y la muerte final, sin importar lo que suceda, te estás enfrentado cara a cara con todas las facetas de tu alma.

Es inevitable; es el camino hacia la maestría y la Ascensión. Sin embargo, podemos ayudarte a integrar estas partes de ti con más facilidad y gracia. Podemos daros los medios y la sabiduría para enfrentaros a estos asuntos desde un punto de vista más elevado; desde el punto de vista de un maestro. Puedes amar todas esas partes imperfectas de ti mismo libremente. Puedes equilibrarlas antes de que sean llevadas a tu campo de energía para su armonización y reintegración.

Este es el proceso que deseamos proporcionarte para facilitarte el camino de este proceso de transición. Colócate en estado de meditación; te sugerimos que utilices un cristal para magnificar el campo de energía a tu alrededor y para mejorar la energía que se enfoca en tu chacra coronario. Llama a tus guías y maestros, a los maestros y a tu sobre-alma/

Ser Superior, y también envuélvete dentro en la Llama Violeta transmutadora. Cuando hayas completado tu invocación, proyecta tu conciencia hacia estas otras frecuencias paralelas.

Mirad estas entidades que habéis creado —deberías saber qué y quiénes son—; están en todas las áreas de vuestra vida que no están en equilibrio. Todo lo que está causando fricción, dolor o manteniéndoos fuera de equilibrio, que está fuera del flujo de vuestra alma, ha sido creado por una energía a la que vosotros le disteis vida a lo largo de las edades.

Ahora debéis entender que algunas de las energías son muy poderosas. Si eres fuertemente adicto de alguna manera y parece que no puedes romper la adicción, esto se debe a que le has dado mucha energía a este fragmento y no te hará ningún bien luchar o debatirte contra él. Haciéndolo, solo le darías más energía y lo fortalecerías. ¿Cuántas veces te han dicho: «Lo que temes o contra lo que luchas te da poder o te atrae»? Vislumbrad claramente estas energías, haciéndolas reales. Identificadlas y reconocedlas. Habéis tratado de ignorarlas durante mucho tiempo, pretendiendo que no existían, pero esto no funciona, porque al final las validáis anhelando, con fuertes energías emocionales, el cese de lo que ellas crean en vuestra vida.

A veces sentís que no tenéis control sobre vuestra vida y esto es verdad, queridos. No tendréis control hasta que hayáis integrado estos fragmentos de vosotros mismos y reunido vuestras energías con vuestro Yo del alma.

Después de que hayáis identificado estas varias energías o entidades, comenzad a sentir el poder de la energía del Amor/Luz de Dios brillando en el centro de vuestro corazón como un gran sol dorado. Sentid esta energía crecer y construirse hasta que impregne todo vuestro cuerpo y vuestro campo de fuerza o aura; entonces comenzad a proyectar esa energía hacia cada una de esas entidades, llenando cada una de ellas con Amor/Luz dorada hasta que se transformen. Lo más probable es que tengáis que hacer esto con cada entidad varias veces si son especialmente fuertes. Sin embargo, cuando tengáis la sensación en vuestro plexo solar de que habéis equilibrado y neutralizado vuestras energías, vedlas siendo atraídas hacia vosotros por una corriente de Luz. Si estás armonizado con los patrones de frecuencia apropiados, los atraerás a tu centro de energía solar (el plexo solar, el área del corazón y la garganta) y serán reintegradas allí. Experimentarás una gran sensación de paz y liberación.

Si no están listas para ser integradas, o si todavía tenéis alguna energía residual, de mala calidad, la entidad con forma de pensamiento se detendrá en algún punto y no entrará en vuestro campo de fuerza de Luz, ya que no pueden penetrar la barrera protectora que vosotros hayáis colocado alrededor vuestro hasta que hayáis regresado a los patrones de energía de frecuencia apropiados. Así es como sabréis que hay más trabajo por hacer. De esta manera, mis valientes, no sufriréis ni os angustiaréis tanto en estos tumultuosos tiempos de transición.

Aunque no estéis listos para integraros con vuestro Ser Superior o vuestra sobre-alma/superior hasta que estéis más equilibrados y vibrando a una frecuencia más alta, podéis usar vuestros poderes recién encontrados para controlar la reabsorción de vuestras propias energías fracturadas. Os pedimos que comencéis a hacer uso de estos dones porque no hay tiempo que perder. O integráis estas partes de vosotros mismos con facilidad y gracia y con la asistencia de vuestros ayudantes angélicos, u os enfrentareis a ellas través de la prueba y la tribulación; en cualquier caso, tendrán que ser integradas. Este es el proceso evolutivo en el que os encontráis: el proceso de Ascensión se centra primero en la reunificación, el equilibrio y la armonización de las energías, y luego en la aceleración de la frecuencia. Habéis solicitado facilidad y gracia, y por eso os ofrecemos estas herramientas para facilitar un proceso de transición más grácil y suave.

A medida que os volvéis más sensibles y los velos entre las dimensiones se hacen más delgados, os encontraréis deslizándoos dentro y fuera de las diversas realidades, manifestando así altibajos, cambios de humor y a menudo impulsos desconcertantes. Muchos de vosotros habéis culpado a las fuerzas oscuras, pero por favor creedme cuando os digo: queridos, no son las fuerzas oscuras las que están en juego aquí. Son todas esas partes de ti que están implorando tu atención, porque están sintiendo el impulso y el deseo de la reunificación, justo lo que estás haciendo. Reconócelas, valídalas; no las hará más fuertes; eso abrirá el camino para una interacción y reintegración amorosa, no para más estrés y tensión por el reconocimiento.

Igual que vosotros os estáis esforzando en dirigiros hacia vuestro Ser Superior en busca de amor y sabiduría y el poder de reuniros, lo mismo hacen ellas. Vosotros sois su Yo superior, ¿lo veis?

Y así sucesivamente, ve ascendiendo por la escalera de la evolución, subiendo por la espiral de la conciencia, atrayendo inexorablemente todas las muchas grandes facetas y fragmentos de nuestro Padre/Madre Dios de vuelta lentamente a los reinos más armoniosos de la Luz: de vuelta al espectro de Luz y sombra que fue originalmente diseñado para esta experiencia divina de dualidad y polaridad. El Gran Aliento ha comenzado, mis amados. Puedes hacer el viaje protestando y gritando, resistiéndote todo el camino, o puedes coger la ola de ascensión y cabalgar por la cresta, quizás un poco asustado por los cambios radicales y rápidos y lo desconocido, pero alegre y contento, sabiendo que siempre estarás dentro del aura del Padre/Madre-Creador, y que nada podrá realmente dañarte. Haced las paces con vosotros mismos, queridos, y luego venid y uníos a nosotros para el viaje de las edades. Nunca os arrepentiréis de haberlo hecho.

Yo, el Arcángel Miguel, os hago esta promesa, y así es.

EL CAMINO DE LA LUZ

Amados Maestros, os traigo saludos del Altísimo. Tengo un mensaje importante que entregaros, hermanos y hermanas de la Luz; una actualización, podríais decir. Como os hemos dicho a menudo en el pasado, es muy difícil predecir lo que sucederá después en vuestro rincón de la galaxia a medida que los eventos y los cambios ocurran a un ritmo sin precedentes. Sin embargo, a medida que se alcance una meta mayor, o que suceda un «evento desencadenante» a medida que se avance a través de otra iniciación o nivel más alto de conciencia, podremos pronosticar lo que es probable que suceda a continuación en el reino de la realidad física.

Estos últimos años del siglo XX han sido años de cambios trascendentales, tanto en las estructuras de vuestro mundo físico como en la expansión de vuestra conciencia espiritual. Las fronteras de los países y naciones están cambiando; los grupos étnicos están cambiando de lugar, ya sea por elección o por la fuerza; muchas almas queridas están eligiendo trascender, y creednos cuando decimos que se están moviendo hacia un lugar más armonioso y mejores condiciones. Bendícelos en su elección, porque su ser espiritual ciertamente sabe lo que es mejor para ellas. La Humanidad está cada vez más inquieta porque nada es como antes, y lo que antes se podía contar ya no es estable ni está disponible. Los patrones climáticos son tan erráticos que las sequías marchitan los cultivos y reducen los recursos hídricos en muchas zonas, mientras que las grandes tormentas envían diluvios de agua a otros, creando una miseria incalculable y la pérdida de recursos.

Los patrones y los límites de todo tipo están transformándose y modificándose, en su mayoría provocados por los patrones cambiantes de la conciencia humana. A medida que las frecuencias más elevadas se anclan firmemente en vuestro mundo, tanto en vuestra conciencia como en la de vuestra Madre Tierra, se están creando grandes presiones. Las frecuencias entrantes son mucho más finas, más sutiles, pero también mucho más fuertes, ¿veis? Así como la oscuridad debe dar paso a la Luz, también las ondas de energía vibratoria inferior deben dar paso a frecuencias más altas y refinadas.

Impresionante en su magnificencia, la energía Amor/ Luz de la fuente más elevada de vuestro Universo, el Creador/Dios/Diosa, está siendo anclada en vuestra Tierra y ahora está disponible para vosotros. Una gran autopista de energía, por así decirlo, ha sido abierta desde la fuente del Creador para vosotros; sin embargo, debéis estar listos y dispuestos a abriros a esta milagrosa infusión de sustancia de Luz Divina.

No os equivoquéis; esta energía es tan dinámica, tan profunda, que debéis esforzaros por convertiros en receptáculos equilibrados y armonizados, firmemente anclados en el centro de vuestra Alma, libres del ego y las restricciones de la personalidad.

Esta energía también viene con una advertencia: «Acepta este regalo de la Fuente solo si estás listo para rendirte a su más alta llamada y estás dispuesto a servir como maestro de co-creación en la transformación de la oscuridad de tu sistema solar de Luz. Y debéis estar dispuestos a uniros a vuestra familia galáctica en vuestro proceso evolutivo acelerado; debéis esforzaros por expandir vuestra visión para incluir, no solo a vuestra Tierra y a vuestro sistema solar, sino también a vuestra galaxia y finalmente al subuniverso en el cual el Plan Divino de dualidad y polaridad está siendo completado. Estás saliendo de tu «aislamiento de conciencia», de tu estrecha visión de túnel. Debes darte cuenta de una vez por todas de que no estás solo en este Universo. Lo que te afecta a ti le afecta a toda la Humanidad, y lo que le afecta a tu Tierra, afecta a este subuniverso.

Son tiempos críticos de aclaramiento y limpieza en preparación para los cambios aún mayores que se avecinan. Aquellos de vosotros que estáis trabajando diligentemente para limpiar todos los patrones de energía negativa de vuestros múltiples cuerpos de energía, que os esforzáis por traer equilibrio y armonía a vuestra conciencia y a vuestro entorno, tendréis una época mucho más fácil para ello a medida que estos cambios trascendentales comiencen a ocurrir. Estaréis bien preparados para lo que sucederá en un futuro cercano. Habéis construido un marco fuerte y firme para vosotros mismos, de manera que no solo podáis servir, sino que estéis listos para cosechar las maravillosas recompensas que vienen en forma de nuevos dones de conciencia, habilidades hasta ahora desconocidas y la manifestación casi instantánea de vuestros sueños y aspiraciones.

Mucha información nueva y alucinante está apareciendo casi demasiado rápido para asimilarla. Alguna de ella parece contradecir lo que habéis escuchado en el pasado y muchos de vosotros estáis bastante confundidos. No es que la información dada en los últimos dos mil años no fuera cierta, queridos, pero el conocimiento que fue traído se mantuvo en un nivel muy básico que la Humanidad podía entender y absorber. Podéis ver cómo las enseñanzas de nuestro amado Jesús han sido distorsionadas y mal aplicadas, e incluso muchas de las supuestas verdades de la Nueva Era han sido distorsionadas por aquellos que han traído información, la cual no siempre provenía de la fuente más elevada, aunque esto fue normalmente hecho con la mejor de las intenciones.

Así que, a medida que tu conciencia aumenta, a medida que tu pureza de mente y espíritu se expande, también lo hacen tus habilidades para absorber información más amplia y compleja. Esto no es solo el comienzo de una Nueva Era, sino un nuevo comienzo para vosotros, seres espirituales con vestimenta humana que estáis llegando a la mayoría de edad.

A medida que abráis los caminos hacia dimensiones cada vez más altas y eliminéis el inmovilismo que nos ha mantenido fuera de contacto durante tantas edades, recibiréis mensajes más claros, información más profunda, información más compleja completamente nueva para vosotros, más estadísticas vitales sobre el subuniverso del cual vosotros formáis parte integral. También aprenderéis mucho más sobre vuestro papel en el gran diseño del futuro. Os estáis embarcando en el Camino de la Luz, mis preciosos. Estáis dejando atrás la densidad y la oscuridad, y seguramente podéis sentir que os estáis convirtiendo en observadores del drama que está teniendo lugar en la Tierra desde la cima de una alta montaña. Estáis comenzando a experimentar ese estado privilegiado de las dimensiones superiores, y ¿no es la experiencia más emocionante de vuestra vida?

Vosotros que habéis trabajado, meditado, estudiado, amado y os habéis dedicado a este sendero de Luz durante tantos años, estáis finalmente comenzando a daros cuenta de cuán vasto y abarcador es este proceso. Empiezas a preguntar por tus hermanos y hermanas dormidos: «¿Por qué no pueden ver? ¿Por qué no pueden sentir la maravilla, la alegría y el amor?». Lo harán, queridos, lo harán. Esa es la tarea que tenéis ante vosotros ahora: difundir vuestro entusiasmo y alegría, gritar desde los tejados los milagros que se están manifestando para vosotros cada día, compartir vuestra perspicacia, vuestra compasión, vuestra sabiduría, vuestro conocimiento. Es maravilloso observar la inercia que se está generando: un grupo inicia un evento en alguna parte y de repente este es recogido a lo largo del mundo por otros grupos, hasta que hay una ola de energía surgiendo, conectando, vivificando y transformando a la Humanidad a otro nivel de conciencia.

Las puertas, o puertas estelares como os gusta llamarlas, están siendo abiertas o expandidas a un ritmo muy acelerado, permitiéndonos interactuar de forma más completa y poderosa con la Humanidad. Es el tiempo de la esencia, queridos y fieles. Cuanto mayor sea el número de almas despiertas, más fácil será la transición cuando ocurran los cambios trascendentales que se están prediciendo.

Y así, como veis, mis amados amigos, estáis en medio de un gran y milagroso evento. Es imperativo que permanezcáis firmemente anclados en vuestro cuerpo mientras trabajáis diligentemente para completar la integración y fusión de vuestra alma en el nuevo centro de energía que incluye el plexo solar, el corazón y el área de la garganta, iniciando así el proceso de construir vuestro cuerpo de Luz etérico. Muchos de vosotros habéis completado esta integración y os estáis moviendo hacia iniciaciones aún más elevadas en el camino hacia la fusión con fragmentos más grandes de la grandeza de quienes sois.

Continuad uniéndoos, queridos, en meditación y oración, mientras apoyáis, enseñáis y aprendéis juntos. Es más importante que nunca. El evento que todos vosotros estáis llamando el 12:12 será otro salto gigante en la conciencia, que reunirá a los trabajadores de la Luz en números más grandes que nunca antes. Será una experiencia maravillosa si sois capaces de participar en ella aunque no tendréis que viajar a un área sagrada de la Tierra para hacerlo. Estáis construyendo vuestros propios lugares sagrados de Luz. Uníos para que podamos infundiros un nuevo nivel de verdad y conciencia. Levantad vuestras voces en celebración, dedicación y acción de gracias, y prometo que yo y toda la Jerarquía Espiritual nos uniremos a vosotros, así como a todos nuestros amados amigos galácticos. Estamos en el camino hacia la reunificación y juntos infundiremos a la Humanidad y a la Tierra la Luz del magnífico Creador de Todo.

Yo Soy el Arcángel Miguel y os traigo estas verdades.

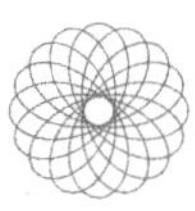

EL CAMINO DE MÍ

En el camino me detengo a ver
si puedo encontrar el por qué de mí.
El «quién soy yo» que está en el fondo,
el verdadero yo que intenta esconderse.
Pero miro a hurtadillas para que puedas vislumbrar,
de vez en cuando, por casualidad,
la cortina que se desliza, las defensas que caen,
y por un momento, ahí estoy.
El quién, el cómo, el por qué de mí
para todos, menos para Dios, un misterio.

MENSAJE DEL ARCÁNGEL MIGUEL DEL 12:12

Amados Maestros de la Luz, os traigo saludos del Altísimo. Habéis tenido recuerdos y susurros, mitos que han sido derribados desde hace muchos siglos de las grandes edades doradas que la Humanidad experimentó en la Tierra hace mucho, mucho tiempo. Habéis oído, soñado y deseado que hubiera verdad en las predicciones acerca de otra gran edad de oro, mil años de paz y maravilla. Bien, queridos y preciosos, queremos deciros que son verdaderas y que el momento se acerca rápidamente.

El doce es un número muy importante en vuestra galaxia. En vuestra Biblia, el número doce se menciona más de ciento cincuenta veces: los doce apóstoles, los doce discípulos de Buda, las doce tribus, y así sucesivamente. Tienes doce signos y doce casas de experiencia en tu zodiaco, doce horas en tu reloj para separar el día de la noche y doce meses en tu año para marcar el paso del tiempo.

Cuando vuestro planeta se hundió en la densidad y limitación, en lo profundo de la experiencia de Tercera Dimensión, fuisteis separados de la magnificencia de las energías dadoras de vida de los cinco rayos galácticos superiores. La Humanidad y la Tierra fueron limitadas a las frecuencias dadoras de vida de solo siete rayos de la Conciencia de Dios, y siete chacras (centros de energía del vehículo físico) junto con una reducción de las hebras del ADN que contiene vuestra historia y linaje cósmico.

Una cuarentena o barrera fue colocada alrededor de vuestro planeta, porque veis, la resonancia de la negatividad y las energías disonantes que eran escupidas a los planos astrales no debía permitirse que infectaran o afectaran al resto de vuestro sistema solar y vuestra galaxia. Sin embargo, ese tiempo ha pasado, queridos. Gracias a los esfuerzos de seres maravillosos como vosotros, que habéis caminado en la fe, que habéis luchado a través de muchas pruebas, que habéis comenzado a ser lo suficientemente valientes y audaces como para acceder a la Luz y anclarla para sentir una vez más el deseo de entrar en armonía y unidad con el Creador, esos tiempos oscuros están llegando a su fin. Vosotros os estáis convirtiendo en los transformadores, rayos, pararrayos, por así decirlo, transductores de energía. Vosotros estáis trayendo la energía de las dimensiones superiores y la estáis anclando. Gracias a vuestros esfuerzos unificados, esa Luz divina de transformación está comenzando a extenderse alrededor de la Tierra y a filtrarse en la conciencia y los corazones de la Humanidad.

Hemos dicho antes que hasta mediados del siglo XX no se sabía si una vez más tendríais que experimentar el cataclismo y la destrucción masiva de vuestra Tierra y Humanidad; sin embargo, eso ya no es parte de vuestro futuro. Durante miles de años habéis resonado en siete armónicos disminuidos: siete chacras, siete rayos y los confines de siete dimensiones y subplanos. Solo pudisteis acceder a vuestra alma a través de un fino cordón plateado de energía, y no pudisteis experimentar directamente la dinámica y la energía vivificante de los cinco rayos superiores de vuestra galaxia y la infusión de energía dorada directamente desde la Fuente. A medida que obtengáis acceso a las poderosas frecuencias transformadoras de la conciencia galáctica e incorporéis gradualmente estas energías más refinadas en vuestro cuerpo, comenzareis a limpiar y cambiar vuestra estructura celular, avivaréis vuestras glándulas y encenderéis el conocimiento que hayáis atrapado con vuestro ADN y células cerebrales de alta frecuencia.

Esto es lo que os ayudará a integrar y construir vuestro cuerpo de Luz, el cual a su vez os mueve hacia vuestra maestría y la realidad de la Ascensión. Vosotros pensáis que lo estáis haciendo solos, queridos, pero no es así. Hay seres magníficos y maravillosos que os están ayudando, que están aquí para serviros y asegurar vuestro éxito. Veréis, este es un planeta muy preciado y en especial lo es esta joya llamada Tierra. Es un planeta diseñado con una gran riqueza de detalles, variedad y expresión de muchos sistemas estelares y civilizaciones antiguas. Y vosotros sois semillas estelares de muchas grandes civilizaciones que fuisteis enviadas como representantes de su raza. Aceptasteis asumir un cuerpo físico para poder experimentar de primera mano lo que habíais creado. Fuisteis diseñados para experimentar emociones, el cuerpo mental, la táctica completa del cuerpo del deseo; debíais equilibrar el espíritu en un cuerpo físico. Se os dio el mandato de crear un Paraíso −representativo del Cielo en la Tierra− como extensiones de la Dios/Diosa/Creadora de Todo. Sin embargo, el regalo más grande de todos fue que se os dio el libre albedrío total, algo que nunca antes se había hecho.

Como sabéis, a través de los siglos vuestros deseos os condujeron en otra dirección, lejos de la voluntad del Creador, y comenzasteis a sentir culpa, miedo y limitación. Pronto empezasteis a creer en la ilusión de que vuestro cuerpo físico y el mundo material de la vista y el oído era todo lo que había; que posiblemente podría haber algún dios por ahí en alguna parte, pero que estaba tan lejos que era intocable, inalcanzable, y que no erais dignos de interactuar con el reino angélico o con el Creador.

Quedasteis atrapados en el cuerpo del deseo de emociones y sensaciones, y el ego insidiosamente tomó el control de vuestros procesos de pensamiento y vuestra realidad. El ego estaba destinado a ser el sirviente del alma mientras esta estaba en el cuerpo físico. El cuerpo del deseo del ego es muy importante porque fue hecho para ayudar a crear tu personalidad a medida que ganabas experiencia. Ayuda a definir quién eres en lo físico; se suponía que debía monitorear tu vehículo físico, ayudarle a funcionar, avisar a tu alma cuando estaba en peligro o angustia; pero debía ser el sirviente del alma, no el director. Y aquí es donde muchas de vuestras luchas comenzaron al tratar de recuperar el poder que le disteis a vuestro ego y traerlo de vuelta a un equilibrio apropiado bajo el control de vuestro Yo Superior. Queremos que sepáis que muchos de vosotros lo estáis haciendo muy bien y que estáis haciendo un progreso asombroso, mientras las masas todavía luchan bajo el dominio del ego-yo.

Ahora estáis en un punto de vuestro proceso de limpieza y aclaramiento de los patrones de frecuencia negativa en y alrededor vuestro —de elevar vuestras frecuencias, vuestra frecuencia vibratoria— en que muchos de vosotros os estáis moviendo a través de lo que llamamos los diversos niveles de despertar espiritual. A medida que dejéis ir esas cosas que ya no os sirven y entréis en equilibrio con vuestros cuatro cuerpos inferiores, os moveréis hacia arriba por la escalera de la conciencia hacia una sabiduría más elevada y una mayor iluminación. De esto se trata la Ascensión. Un día cada vez, un paso cada vez, estaréis aumentando vuestras frecuencias o disminuyendo vuestros patrones de frecuencia; estaréis ascendiendo o descendiendo. Ya no es una opción válida ir a la costa o a la deriva; debéis tomar una decisión, y el momento es ahora.

Muchos de vosotros estáis ya irradiando suficiente amor, suficiente Luz, suficiente belleza, que tenéis, o que tendréis, bajo la dirección, o la señal de uno de los Maestros. Te has convertido en lo que se llama un discípulo en el camino. Ahora, si no sientes ya una gran afinidad hacia, o resuenas con la energía de un Maestro en particular, retén la llamada y pide saber quién es tu maestro. La respuesta puede venirte en sueños, o puede haber un mensaje o una mención a ese hermoso Ser en cada libro que abras y eso agitará tu alma. De alguna manera ellos vendrán a tu mente, y ellos acudirán a tu atención. Estos Seres de Luz, estos Maestros Ascendidos, han caminado por la Tierra y han experimentado todas las pruebas y tribulaciones de la vida, igual que vosotros, y por eso saben lo que estáis sintiendo y los retos a los que debéis enfrentaros. Son muy compasivos, muy amorosos, y comenzarán a iluminaros con sus atributos. Ellos comenzarán a daros toda su gran sabiduría, amor y fuerza, junto con el beneficio de su experiencia. No tienes que hacer este viaje solo. Permítenos ayudarte, permítenos allanarte el camino.

Ahora esta gran puerta de Ascensión, esta carretera de Luz que se está abriendo, ha sido planeada desde el inicio de este gran experimento en la Tierra. Te ofreciste voluntario para esta misión y has sido valiente y dedicado a tu propósito, incluso después de que te olvidaras y cayeras bajo el hechizo de la ilusión. No se suponía que tuvieras que luchar para siempre sin ayuda. Siempre ha habido un Plan maestro para tu rescate o recuperación.

Ved con el ojo de vuestra mente esta magnífica puerta, y ved un camino muy estrecho que conduce a través de esa puerta; sí, es bastante empinado, pero no es insuperable. A un lado hay otros senderos varios; están en una pendiente más suave, un poco más fácil de atravesar, pero al final, después de dar un rodeo se funden de nuevo en el sendero principal, y ellos también pasarán a través de la puerta de entrada. Es decisión tuya si vas directamente por este camino estrecho y maravilloso hacia tu conciencia superior, hacia tu divinidad, reclamando tu derecho de nacimiento, o si tomas el desvío, y más tarde sigues a aquellos valientes que surgen, despejando el camino, sin importarles el coste. Puede parecer aterrador y puede parecer arduo, pero os decimos que no importan las dificultades que podáis experimentar;

los dones que se os darán las superan en mucho y más allá de vuestra imaginación. Estáis muy cerca —paso a paso, amados seres—; confiad en nosotros, paso a paso.

Creednos cuando os decimos que las decisiones que tomáis en este momento son mucho más importantes que las que habéis experimentado en épocas pasadas, en muchas vidas. En Egipto, cuando muchos de vosotros yacíais en un sarcófago de iniciación y os enfrentabais a los terrores de vuestro ego y de vuestra alma, algunos no lo lograsteis. No, muchos no lo lograron; algunos trascendieron durante la experiencia y tuvieron que empezar de nuevo. Sin embargo, esos retos difíciles y extenuantes ya pasaron y es hora de dejar atrás esos antiguos temores al fracaso, queridos. Ya no tienes que experimentar difíciles y rígidas reglas y pruebas para poder avanzar en el proceso de iniciación. Se os ha dado una dispensa, el don de la gracia para ayudaros en el camino, para que podáis moveros rápidamente a lo largo del proceso. Sin embargo, debes comprometerte y dedicarte en cuerpo, mente y espíritu para aprovechar esta gran oportunidad.

Y ahora permítenos ofrecerte otro regalo, si es posible. Cierra los ojos y acomódate en la cámara sagrada del centro de tu corazón. Visualiza cómo comienza a brillar con el fuego de un sol dorado ardiente y vete a ti mismo en esta cámara como un hermoso diamante, o un cristal, o tal vez una estrella. ¿Cómo imaginas tu cuerpo de Luz perfecto, cómo será? ¿Te acuerdas? Puedes hacer con él una forma humana si lo deseas, pero siéntelo, siente lo ligero que es, siente lo vibrante, lo libre que es, sin los confines y restricciones de la estructura física. Ahora siente que comienzas a flotar hacia arriba y hacia afuera de su chacra coronario: estás flotando, flotando libre y maravillosamente hacia las dimensiones superiores, hacia el aire dulce y selecto de las frecuencias más refinadas. Estás resonando, vibrando, muy consciente, te sientes muy vivo.

A lo lejos se ve una magnífica catedral de cristal. Hay dos grandes puertas arqueadas que se abren de par en par y un rayo dorado de Luz que las alcanza y las eleva, y te lleva a la entrada de esta puerta. Al entrar miras a tu alrededor y ves muchas, muchas caras que reconoces; esta gran sala está llena de los seres más maravillosos y hermosos. La música es tan dulce que trae lágrimas a tus ojos, y la radiación de la energía amorosa es casi abrumadora. Estás atrapado en la multitud mientras caminas por el pasillo; no puedes ver lo que te espera durante un rato hasta que, de repente, los que están frente a ti van a la derecha y a la izquierda y te encuentras de pie frente a un hombre magníficamente vestido que irradia poder y gran compasión. A su lado hay una elegante y majestuosa dama vestida con ropas brillantes que emite un aura de amor y benevolencia. La pareja más gloriosa que jamás hayas visto. Están radiantes mientras te miran hacia abajo en reconocimiento y con gran amor; su corazón rebosa gratitud. Son representantes del Dios Todopoderoso y de la Diosa, el Padre/Madre Dios de este Universo. Si su asombrosa Luz/Poder no se retiraran y si no estuvieran dentro de una esfera protectora de Luz, sabéis que no podríais mirarlos o estar parados en su gran campo de energía.

Ahora esta bella mujer, esta bella dama se adelanta y te pide que abras tu mano. Golpea la palma de tu mano con su cetro y aparece una piedra rosa brillante e iridiscente. Entonces el hombre magnífico, compasivo y maravilloso, baja, y él también toca tu palma, y una resplandeciente luz azul brota de su cetro. Las luces azul y rosa se funden y la piedra se convierte en violeta, en un poco de Llama Violeta. Aferras esta hermosa piedra contra tu corazón y sabes que es un regalo de la esencia de Dios y de la Diosa. Después de una última mirada de adoración, te das la vuelta y caminas por los escalones, vuelves al altar y sales por la puerta. Te paras en el rayo de Luz que te trae de regreso, de regreso a tu chacra coronario y, de nuevo, te asientas en el centro de tu corazón.

Sabed, queridos, que hemos infundido la pequeña piedra etérica púrpura que os fue dada esta noche con la esencia del Creador, con la Llama Violeta transmutadora, un regalo maravilloso en recuerdo de esta auspiciosa ocasión.

Amados, comenzad a usar los cinco rayos galácticos superiores que ahora son accesibles para vosotros, traedlos a vuestra vida. Están disponibles para asistiros, para traeros alegría y gran beneficio, y para ayudaos a acelerar el camino de la Ascensión. Esperad milagros, queridos corazones, porque hay milagros maravillosos esperando a que los reclaméis. Vosotros seréis los nuevos servidores del mundo; vosotros sois la vanguardia, vosotros sois las guías del camino, vosotros sois los que seréis llamados a salir y anunciar la Edad de Oro del mañana.

Cuanto más uséis los dones que os han sido dados, no importa cuán pequeños o insignificantes creáis que son, más se os darán. Sois seres hermosos y magníficos, y nos sentimos honrados de serviros.

Yo Soy el Arcángel Miguel y os traigo estas verdades.

ES HORA DE ACABAR CON LA ILUSIÓN DE LA SEPARACIÓN

Amados Maestros de Luz, mientras os ponéis vuestro nuevo manto de conciencia en preparación para vuestra existencia en las dimensiones superiores, nos gustaría daros algunas ideas para ver si encajan con vuestra imagen emergente de la realidad. Profundicemos en la ilusión de la separación de las energías masculina y femenina, vuestras ideas sobre la sexualidad y lo que vosotros llamáis «la guerra de los sexos».

No solo estáis equilibrando vuestros cuerpos físico, mental y emocional/ego, y los hemisferios derecho e izquierdo del cerebro, sino que estáis, después de tantas eras, en proceso de integrar las polaridades de las energías masculina y femenina.

La batalla comenzó cuando las energías de Dios y de la Diosa se enfrentaron entre sí. El aspecto Divino Poder/Voluntad del Padre fue mal utilizado, así como lo fue el aspecto Divino Amor/Sabiduría de la Madre. Esto comenzó en la era media de la Atlántida y progresó hasta que la Diosa se retiró gradualmente de la Tierra, dejando solo un fragmento de su esencia, abriendo así el camino a una sociedad patriarcal y a la subyugación de todos aquellos que estaban en cuerpos femeninos.

También hubo otra época de la que no se habla a menudo excepto como mito, la época de la sociedad femenina amazónica, donde los hombres eran utilizados como esclavos y sometidos a muchas de las mismas injusticias y atrocidades que las mujeres han sido forzadas a soportar durante los últimos 10.000 años. No ocurrió durante tanto tiempo, y no les sucedió a tantas almas, pero todavía está impreso en los registros etéricos de muchas de ellas. Es hora de que esta batalla llegue a su fin y de que cada uno de vosotros recuerde y acepte el hecho de que ha sido tanto hombre como mujer en muchas encarnaciones. Habéis sido víctimas y verdugos; habéis manejado la energía masculina del poder/voluntad, y habéis esparcido el amor/sabiduría del aspecto femenino. Es hora de que estas energías se fusionen, modifiquen, se unan y se fortalezcan unas a otras hasta que estén totalmente en equilibrio y armonía en cada uno de vosotros.

Hay muchas mujeres hermosas en encarnación en este momento que prefieren estar en un cuerpo masculino pero acordaron encarnarse en un cuerpo femenino para poder ser ejemplo de cómo debe vivir, actuar y funcionar una mujer empoderada: poderosa, orientada a la acción, enfocada hacia afuera, usando la dinámica de la voluntad, pero con discernimiento y compasión, al unísono con el aspecto amor/sabiduría de la Diosa.

También hay un gran número de hombres que han tenido muchas más vidas en el cuerpo femenino, y por lo tanto se sienten más cómodos de ese modo. Aquellos que aceptaron encarnar durante esta era para ser ejemplos vivientes de cómo un hombre puede seguir siendo varonil y, sin embargo, mostrar emociones, ser creativo, compasivo, cariñoso y gentil.

La división entre los sexos se está estrechando y las reglas y regulaciones que los separan (conforme a la conciencia colectiva) se están volviendo menos definidas. Las mujeres son activas y exitosas en el mundo de los negocios y la vida pública. También se está aceptando que un hombre mantenga el hogar y alimente a su descendencia, si así lo desea. Pero aún te queda un largo camino por recorrer.

Las energías sexuales siguen siendo un campo de batalla para hombres y mujeres de la Tierra. El cuerpo del deseo está todavía muy en control de la psique de muchos de vosotros. Todavía estás buscando esa pareja perfecta para sentirte completo, para rellenar o suavizar las áreas de dolor y soledad. Queridos, ¡no funcionará! Y, sin embargo, muchos de vosotros pasáis de una experiencia o relación a otra; cada una termina en desastre y deja más dolor y vidas rotas a su paso.

La energía de la Diosa está regresando una vez más a la Tierra. Muchos de vosotros estáis despertando al hecho de que una parte importante de vuestra misión es anclar esta energía y ser representantes del rayo femenino de amor/sabiduría. Muchos hombres y mujeres valientes han aceptado ser ejemplos o pioneros del nuevo prototipo de hombres y mujeres del futuro: un equilibrio perfecto de energía masculina y femenina, trabajando en armonía, complementándose, asistiendo e interactuando en cada aspecto de la experiencia de la vida.

Antes de que podáis encontrar esa pareja perfecta, o un complemento divino, cada uno debe enfocarse en integrar las polaridades de las energías masculina y femenina dentro de sí. Acepta tu divinidad: ama quien eres como representante divino de la Diosa. Dejad de pelear con vuestro cuerpo físico y aceptadlo como el templo de vuestro espíritu, y traedlo a la plenitud con la asistencia de vuestra Presencia Yo Soy. Deja de ser un mártir y de entregar tu poder, o de ser un agresor autoritario que busca aceptación y reconocimiento. Reclama tu identidad y tu singularidad, deja de compararte con los demás. Usa los talentos que has traído a esta vida para que te ayuden a moverte a través de los obstáculos restantes que te están impidiendo alcanzar tu misión y la meta final de la maestría.

Deja de usar tu energía sexual como arma o huida. Empieza a usarla como el regalo poderoso y asombroso que se suponía que debía ser. Honra a tu cuerpo y al cuerpo con el que elijas fusionarte. Cuando tienes relaciones sexuales con otra persona recibes mucho más que fluidos corporales. Tomas las energías de su campo áurico, para bien o para mal, y puede tardar años el que estas se disipen o se disuelvan dentro de las frecuencias de limitación e ilusión de Tercera Dimensión.

Concentraos en vosotros mismos en el presente, queridos, fusionándoos con vuestra propia alma y vuestro Yo Superior, trayendo al equilibrio vuestras naturalezas mental y emocional. Esforzaos por desarrollar vuestras habilidades creativas, reactivad esos talentos y dones ocultos que han permanecido latentes durante tanto tiempo. Entonces emergerás como un ser dinámico en plenitud, listo para compartir esa plenitud con otro, si así lo deseas. Y, como reflejo de tu Yo empoderado, elegirás a otro ser que agregará y complementará quien eres, una persona que no desviará ni tratará de «desviar» tu Luz. Con la sinergia y la dinámica de dos almas armoniosas podéis crear milagros aún mayores.

Estáis siendo reunidos, reunidos con vuestra familia del alma y con vuestras muchas facetas. La ilusión de la separación está empezando a desvanecerse y en los próximos años desaparecerá por completo. Poner tus esperanzas, sueños y aspiraciones en otra persona, no importa cuán maravillosa o perfecta pueda parecer, es negar tu propio poder y tu potencial naturaleza armoniosa. Debes reconocer que eres un maestro por derecho propio, nada mejor, nada menos que otro, pero igual a los ojos del Creador.

Aceptar la responsabilidad de quien eres es el primer paso. El siguiente paso es dejar de culpar de tus fracasos o debilidades a otra persona, hombre o mujer, o al sistema. Fusionad y reconoced vuestros atributos femeninos y masculinos, y luego usadlos para crear un ser bello, totalmente equilibrado, autocontenido y espiritual dentro de un cuerpo físico. Entonces y solo entonces, darás un paso hacia adelante en el papel que aceptaste antes de esta encarnación:

el de ser una extensión integrada, amorosa y poderosa de nuestro Padre/Madre Dios.

Nosotros, los de los reinos superiores, somos lo que vosotros llamáis andróginos, unisexuales, una combinación de atributos masculinos y femeninos. Sin embargo, expresamos todas las múltiples facetas de cada uno de ellos. Y sí, nosotros también tenemos nuestras preferencias; sin embargo, estas nunca están en desacuerdo o fuera de equilibrio y armonía. Las usamos como expresiones de energía para realizar la tarea que nos ocupa. A veces, usando las energías del Padre, con fuerza, activa, dinámicamente, y otras veces, usando los atributos creativos de la Madre, enviando olas de amor, sabiduría y compasión.

Es hora, queridos, de terminar la separación. Integrad y armonizad de una vez por todas vuestras polaridades y luego uníos a nosotros. Tenemos muchas nuevas aventuras que vivir, nuevos mundos que crear.

Yo Soy el Arcángel Miguel.

CELEBRAD EL NUEVO COMIENZO

Amados maestros de la Luz, mientras os enfocáis en los días de celebración y llegáis al final de vuestro año, os pedimos que os detengáis un momento para examinar lo que ha sucedido, cómo habéis crecido, cómo ha cambiado vuestra percepción y cómo ha evolucionado el mundo a vuestro alrededor. Muchos de los cambios son sutiles, y aquellos que no están despiertos solo pueden ver que parece haber más caos y destrucción, pero sabemos que se han producido grandes cambios y que la Humanidad se está moviendo hacia una experiencia completamente nueva.

Muchos de vosotros celebráis el nacimiento del niño Jesús en el mes de diciembre, aunque este evento ha tomado un cariz algo diferente y ha perdido mucha de su belleza y solemnidad, resultando en un frenesí de compras y regalos. Sugerimos que os deis un regalo más precioso y comencéis a ver estos días festivos y días sagrados de diferente manera. Lo que sucedió hace más de 2000 años fue en verdad un evento milagroso, y un gran avatar nació para mostrar a la Humanidad el camino de regreso a la Luz del Creador. Ahora es tiempo de celebrar el regreso de la energía crística o conciencia del Creador, y ese nacimiento tendrá lugar dentro del alma de cada uno de vosotros cuando sea el momento adecuado. El amado Jesús vino a mostrar el camino, tal como lo han hecho otros grandes avatares, y ya es hora de que aceptes el regalo que se te ha ofrecido; un regalo mucho más precioso del que puedes comprar en una tienda o en una joyería.

La Segunda Venida de Cristo, tal como ha sido anunciada, está ahora en curso mientras cada uno de vosotros crea un lugar sagrado en su corazón y se reúne con su propia alma, lo cual prepara el camino para que la conciencia-Cristo pueda trabajar a través vuestro. Este es el verdadero significado de la Segunda Venida profetizada, y no es solo un regalo para aquellos que abrazan el cristianismo, mis queridos amigos. El significado de Cristo y de la energía de Cristo es esa infusión perfecta y divina del Creador, la herencia divina de toda la Humanidad. Sí, de todos los seres que existen a lo largo de toda la Creación. Buda portaba esta energía, al igual que Rama, Mahoma, Krishna y muchos otros. Vosotros también lleváis una chispa de esta energía divina. Por favor, aceptad la maravillosa verdad de que todos sois hermanos y hermanas, todos vosotros os originasteis de la Fuente única y a esa Fuente regresaréis.

El evento cósmico al que llamasteis 12:12 fue una oportunidad para que dedicarais y reafirmarais vuestro compromiso con el Espíritu y vuestro destino divino, una promesa que hicisteis hace muchas edades antes de encarnar en el cuerpo físico de vuestra Tierra. Muchos de los que se comprometieron no han despertado lo suficiente para responder a la llamada de su Yo Superior, y muchos otros se han quedado en el camino porque no tuvieron la fuerza o la dedicación necesarias para superar las pruebas y los obstáculos del camino. Pero la buena noticia es que muchos, muchos de vosotros habéis permanecido fieles a vuestra promesa y dedicados a vuestra misión, y por lo tanto este nuevo compromiso consciente ha sido un paso importante para vosotros.

Entendemos que os sentís como si hubierais estado en un torbellino durante estos últimos años, pero os decimos esto, queridos: los próximos años de vuestro tiempo van a ser aún más dramáticos, más impresionantes y más impredecibles. Muchos de vosotros estáis listos para trabajar bajo la guía de uno de los Maestros Ascendidos. Si no resonáis ya con alguno de estos maravillosos seres, ellos se os darán a conocer por diversos medios. A medida que entréis bajo su tutela, ellos comenzarán a iluminaros con su sabiduría, fortalezas y habilidades, facilitando así la integración de los cinco rayos superiores y los chacras superiores de vuestros cuatro cuerpos inferiores.

Vosotros vais a ser los servidores del nuevo mundo, ¿lo veis? Estáis destinados a convertiros en las extensiones físicas de la Jerarquía Espiritual. Esto es para lo que os habéis estado preparando, y es por eso por lo que es tan crítico que os pongáis en armonía y equilibrio en el ruedo físico. A medida que las masas empiecen a despertar y a prestar atención a los empellones de su Alma, necesitarán guía, suave cuidado y apoyo. Estarán buscando respuestas y no tendrán tiempo de buscar en todas las masas de información que se han presentado en los últimos treinta años. Necesitarán ejemplos vivos y explicaciones sencillas, y ahí es donde vosotros, la vanguardia de la Nueva Era, entraréis en escena.

Muchos de vosotros estáis listos para que se os muestre exactamente cuál será vuestra misión, vuestra área de especialidad. Muchos de vosotros ya lo sabéis, pero tendréis nuevos dones de conciencia que os serán dados para ayudaros en vuestro trabajo futuro. Os habéis movido a través de una puerta, queridos, una puerta que conduce al futuro. El tiempo de preparación ha terminado y ahora comienza el gran evento.

Durante estos últimos años de vuestro siglo es de gran importancia que desactivéis el miedo y la negatividad de aquellos que predican la perdición, la oscuridad y la destrucción. El fin del mundo no está sobre vosotros, sino que es el fin de una era y el comienzo de una Nueva Era audaz, un futuro brillante lleno de promesas. ¡No os resistáis! Permitid que los cambios se desarrollen creando una nueva realidad, una base firme para vuestra conciencia expandida. A medida que os transforméis y comencéis a funcionar desde vuestro nuevo estado iluminado, otros se animarán y se atreverán a investigar y probar la información que les presentéis. Es entonces cuando el efecto dominó comenzará en la Humanidad en su conjunto. Seréis una prueba viva y tangible de lo que enseñáis. Ya no podrán negar la sabiduría emergente y las nuevas verdades que vosotros representáis.

Habrá cierta fricción y resistencia por parte de la vieja guardia: religiosa, social, política, etc., pero no os distraigáis, queridos, manteneos fieles a vuestra visión y propósito. Camina con suavidad, pero con audacia, usa el discernimiento, pero no te desvíes de tu verdad e integridad. Caminamos a tu lado y estás siendo infundido con más y más oleadas de amor y sabiduría del Creador de Todo. ¿Cómo puedes fallar?

Yo, el Arcángel Miguel, os traigo estas verdades.

MI BÚSQUEDA

¿Por qué buscarme en tiempos de tranquilidad?
¿Qué te hace sonreír o ilumina tus ojos?
A través de tu mente, ¿qué sombras caen,
qué pensamientos tristes recuerdas?
¿Qué hace que tu espíritu se aleje del mío,
dejándome solo, suspendido en el tiempo?
Para fundirse contigo, mi esencia busca
dos mitades solitarias, un todo por hacer.

ES HORA DE INICIAR LA LIMPIEZA DEL ALMA Y DEL CUERPO

Amados hijos de la Luz, Yo, el Arcángel Miguel, os traigo saludos en este, el comienzo de vuestro nuevo año. Me gustaría proponeros que iniciaseis un proceso, una limpieza del alma y del cuerpo, si así lo deseáis.

Muchos de vosotros hacéis periódicamente una limpieza de la casa, una desintoxicación o revitalización de vuestros órganos internos. Esto es muy deseable y será de gran beneficio para vosotros en vuestro proceso de limpieza emocional y mental también. ¿Cómo puedes llenar tu ser con energía de Luz pura cuando estás lleno de toxinas y venenos enquistados acumulados a lo largo de los años?

No tiene que ser nada drástico: una limpieza intestinal es deseable, o una semana de comer alimentos vivos y ligeros como frutas, verduras, zumos y abundante agua pura. Dadle un descanso a vuestro sistema digestivo, queridos. Permitidle recuperar su resistencia y fuerza para que funcione con la máxima eficiencia. Hay muchos programas disponibles, así que por favor aprovechad el que sintáis que será más beneficioso para vosotros. No tengáis miedo al fracaso. Pídele a tu Ser espiritual que te guíe al proceso correcto y luego solicita la fuerza y la voluntad del Espíritu para que te ayude a través del proceso.

Las recompensas serán multifacéticas. Primero, tu salud y bienestar físico mejorarán grandemente, y estarás sentando las bases para la siguiente parte del proceso: preparándote para una limpieza emocional y mental del recipiente con el fin de lograr una asociación y comunicación más cercana con tu Ser espiritual.

Estos años venideros serán tiempos milagrosos, queridos, pero debéis estar preparados para recibir y aprovechar lo que se os ofrece. Un coche con el de aceite sucio, o con un motor lento, no funciona mejor solo porque se lave y brille o porque se le añada combustible. Debe ser limpiado, afinado y puesto en armonía con sus muchas partes o no funcionará eficientemente. Tu Ser físico no es diferente.

¿Estás listo para recibir los milagros que te esperan? Depende de vosotros, queridos. Puedes desear, pedir o soñar todo lo que quieras, pero si no das los pasos necesarios o envías señales erróneas o contradictorias al Espíritu, ten la seguridad de que no lograrás los resultados deseados.

Te pedimos que comiences una conversación continua contigo mismo, haciendo preguntas relativas al camino de tu vida o al crecimiento espiritual. Concéntrate en una pregunta cada vez y luego pide que te den la respuesta. Avanza anticipándote, sabiendo que la respuesta está próxima. Escucha cuidadosamente lo que otros te dicen, o lo que eres guiado a leer. La respuesta puede venir de cualquier fuente, un sueño, un libro o una conversación, pero debes estar alerta y atento. Y luego, si la información resuena con tu verdad interna, debes prestar atención a la respuesta y seguir la guía que se te ha dado.

Cada día espera lo inesperado, hay grandes y maravillosos cambios almacenados; como un niño, vive en anticipación de tu más alto bien. Aprovechad vuestros procesos de pensamiento, vigiladlos y determinad si son formas de pensamiento negativas o positivas, porque esto es lo que estará construyendo vuestro futuro. Levántate cada mañana afirmando que aprovecharás al máximo ese día. Llama a tu Presencia Yo Soy para que te dé sabiduría, discernimiento y dirección, y luego colócate dentro de un aura de amor y paz.

Observa la gran diferencia que supondrá. ¿Eres lo suficientemente valiente como para entregar tu futuro al Espíritu, para permitirle que se despliegue en toda su perfección? Todos los obstáculos o desafíos que se presenten ante ti son para tu crecimiento. Una vez que los aceptes como tales y aproveches la oportunidad de adquirir conocimiento y conciencia, ya no parecerán obstáculos.

Queridos, pasad unos momentos cada día y concentraos en el centro de vuestro corazón, imaginad el amor de vuestra conciencia de Dios derramándose sobre vosotros e iluminando vuestra columna vertebral como un tubo fluorescente. Sentid esta energía permear vuestro cuerpo y luego concentraos en enviar el excedente fuera de vuestro plexo solar en una corriente de Luz Violeta o como una Llama Violeta. Si hicieras esto todos los días, los milagros que producirías para ti mismo, que ayudarías a crear para los demás y para el mundo, estarían fuera de toda medida.

Es hora de que comencéis a ser cocreadores del Cielo en la Tierra. Para muchos de vosotros, el tiempo de ser novatos y estudiantes está llegando a su fin. Es hora de que reclaméis vuestra maestría y de que asumáis todo el manto de responsabilidad que aceptasteis hace mucho tiempo. No es momento para los débiles de corazón o para la vacilación. Es tiempo para la acción, la realización y la culminación. Cuál será vuestra parte en el proceso y cuál será vuestra parte de las riquezas del Espíritu dependerá de vosotros, queridos. Por favor, empieza. Comienza ahora, donde estés ahora mismo y con lo que tengas. La guía y la dirección te serán dadas con cada paso positivo que des. Eso te lo aseguramos.

Os decimos que es tiempo de milagros, queridos. ¿Llenarás tu copa o te quedarás con las manos vacías? La decisión depende de ti.

Tenemos la mayor fe en ti y estamos esperando para responder a tu llamada en todo momento de la noche o del día.

Yo, el Arcángel Miguel, os traigo estas verdades.

LAS PUERTAS DE LA EDAD DE ORO ESTÁN ABIERTAS. COMIENZA LA ESCENA DE LA ASCENSIÓN

Amados Maestros de Luz, muchos de vosotros estáis sintiendo una miríada de sensaciones y emociones desde la profunda experiencia de la apertura del portal de la Ascensión 12:12. No puedes moverte a través de una iniciación a una frecuencia más alta o experimentar la eliminación de viejas energías enquistadas sin una manifestación externa de gozo o dicha, o quizás sintiéndote algo desequilibrado, sin tener ya sentido de estructura o, posiblemente, sintiéndote algo vulnerable. A medida que se eliminan esas energías de tu cuerpo y de tu campo áurico –llamémosles cristales oscuros a falta de un término mejor– queda un vacío, incluso una sensación de pérdida. Después de todo, queridos, habéis vivido y sido influenciados por estas energías negativas durante muchos siglos, y aunque no funcionaron desde el punto de vista del poder, el amor y la unidad, es a lo que estáis acostumbrados y es lo que habéis sido condicionados a creer que es vuestro verdadero «sentido del yo».

Os pedimos que seáis pacientes durante el proceso inicial de transformación, que se hace más fácil a medida que progresáis. Imaginad esas energías enquistadas siendo alzadas desde lo profundo de vuestra estructura celular y saliendo de vuestro cuerpo físico. A medida que se mueven a través de vuestra red etérica, imagináoslas como imanes que extraen las masas oscuras y enquistadas de energía negativa que están adheridas como pegamento a esa red que envuelve vuestro cuerpo físico. Ahora vedlas moverse lejos de vuestro cuerpo emocional mientras reunís todas las energías de mala calidad dentro de este campo energético: los sentimientos de indignidad, miedo, enojo, estrés, ansiedad, etc., todas esas energías que os mantienen fuera de equilibrio y con dolor. A medida que estos cristales se desplazan más lejos, se mueven a través del cuerpo mental atrayendo todos tus pensamientos rígidos, juicios, impulsos dominados por el ego que te mantienen desconectado del espíritu. Después de que sintáis que habéis liberado tanto como estéis listos para liberar durante el tiempo presente, ved como estas energías se deslizan fuera de vuestro cuerpo mental. Pedidle a vuestra Presencia Yo Soy que envíe un gran rayo de Luz a izar estos cristales oscuros para que sean recalificados a sustancia de Luz pura.

Ahora, sentid magníficos cristales de Luz poderosamente energizados en cada tono y matiz, especialmente los colores de los cinco nuevos rayos, siendo pulsados en ondas desde vuestra Presencia Yo Soy, llenando así todas las áreas que han quedado vacías tras la remoción de esos cristales oscuros. Esto construirá vuestro cociente de Luz muy rápidamente y facilitará la manifestación de vuestro maravilloso cuerpo de Luz en preparación para la Ascensión.

La era preliminar de preparación y planificación se completó con la apertura de la puerta a la libertad 12:12. La gran escena está a punto de comenzar y los jugadores están en su lugar, aquellos de vosotros que sois lo suficientemente audaces como para dar un paso adelante y reclamar vuestro papel al haberos comprometido nuevamente con la llamada de vuestro destino más elevado para esta Nueva Era.

No os equivoquéis, era un tiempo de iniciación; sin embargo, no teníais que estar en una reunión grande o en algún lugar sagrado para participar. Muchos de vosotros afirmasteis silenciosamente vuestra dedicación en soledad o a unos pocos amigos cercanos. Y sí, algunos de vosotros que todavía sois un poco mansos y estáis inseguros acerca de vuestra valía, atravesasteis ese portal y tomasteis la iniciación durante vuestro sueño. Vuestro Ser Superior no está a punto de quitaros el anzuelo solo porque tenéis unas pocas dudas y todavía cargáis con algunos fragmentos desequilibrados. Aún hay tiempo de limpiar y equilibrar estas energías, y cuanto antes y más profundamente lo hagáis, más fácil será el futuro. Veis, queridos y preciosos, el proceso de Ascensión está ahora en pleno apogeo y el poder se está construyendo. Masas y masas de formas mentales negativas están siendo barridas de la conciencia de la Humanidad. La Luz se está infiltrando en lugares que se han escondido en la oscuridad durante muchas eras pasadas, y aquellos con poder y autoridad que todavía están empapados de la mentalidad de Tercera Dimensión verán como sus imperios se desmoronan lentamente.

Esperad algunos dolores de crecimiento, esperad alguna incomodidad, pero permitid que vuestro espíritu os proteja y facilite el camino. Os hemos dicho que se avecinan milagros, y la emoción se está forjando en maravillosos regalos y se os está proporcionando gran ayuda a más y más de vosotros. Os habéis ganado las recompensas que cosechareis. Tú, que has afirmado y creído, ahora verás lo que tu fe y dedicación pueden manifestar en tu vida personal y finalmente en el mundo en general.

Muchos de vosotros os estáis moviendo rápidamente hacia una conciencia superior. Incluso lo que parecía tan importante el año pasado ahora parece haber perdido significado y validez. A medida que liberáis viejas relaciones, trabajos, hábitos que ya no os sirven, un número de vosotros serán guiados, casi milagrosamente, a reconectarse con los miembros de su familia de Luz. Muchos de vosotros sentiréis el impulso de emigrar a nuevas áreas. No por miedo, sino por un sentimiento de anticipación y expectación. Seréis atraídos lejos de las grandes ciudades y a áreas escasamente pobladas y prístinas. Ahí, en esas remotas e intactas tierras, mucha energía será enfocada y las diversas frecuencias de estos lugares os llamarán. Te sentirás en paz y como si, por fin, estuvieras en casa. Ahí se construirán las nuevas comunidades prototipo de la próxima Nueva Era. Ahí agregarás las vibraciones y los armónicos de tu alma, y otros de vibración similar serán atraídos allí también.

No eres la persona que eras hace un año, y los cambios en la Humanidad serán aún más dramáticos durante los próximos años. Verás, lo que ocurrió a las 12:12 de 1994 fue una votación nominal, podría decirse. Tú y solo tú determinaste qué rol en el esquema de Ascensión sería el tuyo: qué papel desempeñarías, cómo servirías, si servirías o continuarías siendo víctima del drama de la ilusión de la realidad de Tercera Dimensión.

Todos vosotros estáis destinados a tomar parte en el proceso de Ascensión, pero ¿cuándo, queridos, cuándo elegiréis vuestro momento? La ventana de oportunidad está abierta de par en par y la marcha ha comenzado. Las líneas se están formando, esperando a que se pise la escalera mecánica en la autopista hacia las estrellas, y un nuevo y audaz drama está listo para desplegarse. ¿Qué papel vas a interpretar? Tenemos un nuevo disfraz muy glorioso esperándoos, queridos, una prenda de Luz, y el papel de Maestro Ascendido os espera, tan solo si os acercáis y lo reclamáis.

Esperamos vuestra decisión, amados, solo vosotros podéis elegir vuestro destino.

Yo Soy el Arcángel Miguel y os traigo estas verdades.

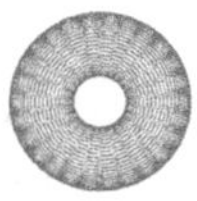

EL CINTURÓN DE FOTONES,
¿EN QUÉ CONSISTE REALMENTE?

Muchos trabajadores de la Luz están haciendo preguntas sobre el evento que se avecina: la Tierra y nuestro sistema solar moviéndose hacia el cinturón de fotones; la posibilidad de cinco días de oscuridad y el colapso total de todos los sistemas de energía eléctrica, incluyendo las baterías. Se ha pronosticado que este evento con toda probabilidad ocurriría en marzo de 1995, o como más tarde en algún momento de 1996. En 1981 se predijo que había una buena posibilidad de que ocurriera en julio de 1992.

Todos quieren saber qué consecuencias tendrá para ellos y sus familias, cómo afectará a la Tierra y a la Humanidad. Todos necesitamos usar nuestros propios procesos de pensamiento y buscar sabiduría y nuestra propia verdad y validación cuando nos enfrentamos a predicciones de eventos venideros que pueden tener un gran impacto en nosotros y en nuestros seres queridos. Para tener una mejor idea de lo que es un «fotón», lo busqué en el Diccionario Webster y dice: «Un fotón es un cuanto de energía electromagnética que tiene propiedades de partículas y ondas. No tiene carga ni masa, pero posee impulso y energía». La energía de la luz, rayos X, rayos gamma, etc. es transmitida por fotones.

A continuación se proporciona la visión del Arcángel Miguel sobre el impacto del cinturón de fotones y lo que significa para la Humanidad:

Amados Maestros de la Luz, como con otras predicciones de cataclismo, destrucción, cambios en la naturaleza o supuestos «actos de Dios» que hacen que la Humanidad se sienta impotente e insegura respecto a su futuro, este evento predicho hiere de miedo los corazones de la Humanidad, uno y todos. A pesar del hecho de que vuestra Tierra se esté sofocando y muriendo lentamente por la contaminación derivada de las formas de pensamiento negativas y la toxicidad, a pesar de las masas de la Humanidad que viven en una pobreza y miseria abyectas y de los sentimientos de inutilidad y desesperanza que se han colado en la conciencia de todos los humanos sin importar su posición o circunstancias, el modo de pensamiento humano sigue siendo: «Más vale lo malo conocido que lo bueno por conocer».

Debe producirse un cambio radical para la Humanidad, esté esta de acuerdo o no, coopere o no. Los que luchan, protestan y gritan a cada paso del camino son los que sienten como si sus vidas se estuvieran desmoronando y que nada funciona o funciona como en el pasado. Y aquellos de vosotros con dedicación, perspicacia y voluntad, que habéis buscado el conocimiento, el amor, la sabiduría y la expansión, trayendo así vuestra conciencia en armonía con las nuevas frecuencias vibratorias, estáis encontrando un maravilloso flujo y sinergia en la experiencia de vuestra vida.

Se trata de evolución, queridos, de avanzar hacia un nuevo estado de Ser, un estado de conciencia expandida. Como se ha predicho, la rotación de la Tierra ha disminuido, ha habido un cambio interno y un enderezamiento del eje etérico. Como ha sido revelado, hay grandes pulsaciones de energía fotónica (o rayos gamma) moviéndose a través de vuestro sistema solar, fenómeno el cual vuestros científicos no tienen explicación. Habéis estado sintiendo los efectos o habéis estado bajo la influencia de esta nueva energía desde 1962, resultando en cambios radicales en los patrones climáticos, más movimientos de tierra y erupciones volcánicas, etc. Los ciclos del Universo, vuestra galaxia, vuestro sistema solar y la Tierra avanzan inexorablemente, con o sin vuestro permiso y aceptación.

Y así, lo que deseáis saber es cómo y cuándo se manifestará esto y cómo os afectará a cada uno de vosotros. En primer lugar, las predicciones son solo eso, la posibilidad de que un evento futuro ocurra en un momento determinado. Aunque vuestro libre albedrío no entra en juego en este gran evento de orden cósmico, sucederá estéis de acuerdo o no; el cuándo sucederá no puede ser predicho con exactitud; repetimos, no puede ser predicho con exactitud por nadie, ni siquiera por la Jerarquía. Es más fácil predecir cómo afectará a la Humanidad dentro de un espectro de tiempo más amplio.

Reflexionad sobre esto: aquellos de vosotros que habéis trabajado para elevar vuestras vibraciones o frecuencia en cuerpo, mente y espíritu habéis tenido la frustrante experiencia de que vuestros aparatos eléctricos se han estropeado, o de que el sistema eléctrico de vuestro coche está funcionando erráticamente, y entonces, de repente, funcionan perfectamente de nuevo. O has ido a que te los repararan y te han dicho que no tenían nada mal. ¿Qué explica este fenómeno? Uno y todos fueron afectados por el aumento de vuestro campo de fuerza electromagnética. Muchos de vosotros ya os habéis dado cuenta de este fenómeno inusual y os habéis esforzado en armonizar vuestros aparatos eléctricos y vehículos motorizados con vuestras frecuencias más altas, o simplemente habéis esperado a que volvieran a la normalidad. ¿Esto te da una pista?

Sin entrar en los complicados detalles técnicos de este próximo evento, os diremos que os estáis moviendo hacia un nuevo continuo espacio/tiempo. El Universo está compuesto de electricidad, pulsaciones de energía electromagnética; vosotros también sois campos de fuerza de energía electromagnética. El acercamiento de esta nube cósmica de energía ha sido gradual, y continuará de esta manera para que haya tiempo a que la transición tenga lugar. Esto no quiere decir que no habrá cambios radicales y más eventos erráticos a medida que toda la Humanidad y la Tierra hagan ajustes con estas nuevas frecuencias y con una nueva realidad. Cuando esta superposición de espacio/tiempo se complete, vuestra Tierra se moverá de una frecuencia de Tercera/Cuarta Dimensión a una frecuencia más alta de Cuarta/Quinta Dimensión. ¿No os hemos dicho que os estáis moviendo a las frecuencias más altas de la Luz Divina? ¿Es esto una sorpresa?

Y entonces, ¿en qué se basa tu miedo: en lo desconocido, en estar en oscuridad durante unos días, como se ha predicho? Hay otro escenario previsto, ¿sabes? «Si la Tierra entra primero en el cinturón de fotones, el cielo parecerá estar en llamas; sin embargo, será luz fría, sin calor». La predicción alternativa dice: «Si el Sol entra primero, habrá oscuridad inmediata durante aproximadamente 110 horas y habrá pánico y caos».

Bien, queridos, aquí es donde vuestro libre albedrío entra en juego. ¿Debe la Humanidad sufrir esta sacudida radical de la realidad de los cambios cósmicos venideros o elevará su conciencia lo suficiente como para hacer esta transición con el mínimo de incomodidad y dolor?

¿No es este un escenario simbólico: el cielo lleno de Luz ardiente y estrellas que caen, con un surgimiento en la Luz y un nuevo nacimiento de la conciencia, y un sistema totalmente diferente de armónicos; o la oscuridad total y el colapso completo de vuestra sociedad mecanizada tal y como la conocéis, al menos temporalmente, impactando sobre la Humanidad despierta?

Algunos de los eventos cataclísmicos anunciados para la destrucción de gran parte de vuestra masa terrestre han sido evitados gracias a la dedicación de los muchos y maravillosos trabajadores de la Luz. Así que, no os equivoquéis, habéis supuesto una diferencia, y este evento que viene puede ser de alegría y anticipación. ¿Vas a caer de nuevo en el viejo modo de miedo y sentimientos de impotencia? ¿O vas a aceptar tu soberanía y tu maestría en este evento venidero también? Corred la voz, silenciad los rumores, decid a todos los que lo soliciten que el futuro es brillante y prometedor para aquellos que luchen por la iluminación, la sabiduría, la armonía y la unidad de propósito.

Independientemente de los eventos venideros, como quiera que estos se manifiesten, muchos de vosotros sois conscientes de que confiáis demasiado en el mundo mecanizado y en vuestra conveniencia y comodidades. Muchos estáis sintiendo el deseo y el fuerte impulso de volveros más autosuficientes, retornando a un modo de vida más natural, más cercano y más en armonía con vuestra Madre Tierra y lejos del cemento y la cacofonía de las grandes ciudades y de toda la miseria creada allí. Y así, os diremos que aquellos de vosotros que empecéis a confiar más en el espíritu y en vuestros propios recursos y dejéis de depender de vuestro gobierno y de las grandes corporaciones, o de más «artilugios» para hacer que vuestra vida parezca mejor, seréis los vencedores en estos tiempos de transición venideros.

No temáis al futuro, queridos, estáis entrando en una era de Luz, un tiempo dorado de gloriosa conciencia. ¿No valen la pena las pequeñas molestias a lo largo del camino?

Estáis haciendo grandes progresos, queridos y preciosos. Ceñíos vuestra armadura espiritual y buscad la sabiduría e iluminación que se os está ofreciendo. No fallarás si te mantienes fiel a tu misión. Los Ángeles del Cielo y la Jerarquía Espiritual están con vosotros en cada paso del camino.

Yo Soy el Arcángel Miguel.

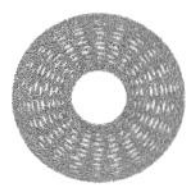

OFRECEMOS ALIENTO Y SEGURIDAD AMOROSA PARA LOS TIEMPOS CAMBIANTES QUE SE AVECINAN

Amados Maestros de Luz, sentid la verdad de lo que digo mientras esta resuena en el centro de vuestro corazón y envía una vibración de amor y esperanza a través de vuestro Ser. Os hablo a cada uno de vosotros y os pido que prestéis atención debido a la naturaleza crítica de los tiempos venideros; estaréis experimentando gran cantidad de emociones conflictivas junto con un torbellino de eventos en vuestra realidad personal así como en vuestro mundo. Vengo a daros la seguridad de que desde la perspectiva de los reinos superiores, el orden cósmico de los eventos está teniendo lugar en el marco de tiempo apropiado y nos regocijamos por la revitalización del espíritu de la Humanidad.

Este no es tiempo para los débiles de corazón o de espíritu. Este es tiempo, después de la reafirmación de la dedicación del propósito y la reafirmación de vuestra misión, para la claridad y el enfoque: claridad, queridos, claridad de acción, claridad de mente y corazón. Subrayamos esto fuertemente y os recordamos que es de suma importancia en este momento, porque estáis preparando el escenario para el despegue a las dimensiones más elevadas de una nueva y amplia realidad.

Más que nunca antes, te exhortamos a que guardes tus pensamientos y controles tus emociones, a que vigiles cuidadosamente los eventos que pones en movimiento en tu vida y el efecto que produces en aquellos que te rodean. La vacilación, la duda, el miedo o la negatividad solo te restringen y te mantienen cautivo en tu vieja realidad.

En este momento, muchos de vosotros no estáis seguros de qué curso de acción tomar; sentís que el camino no ha sido aclarado y estáis indecisos o temerosos de cometer un error. Pero os aseguro, mis valientes guerreros, que todo lo que tenéis que hacer es volveros hacia adentro, prestar atención a vuestros sentimientos y permitir que vuestra intuición señale suavemente el camino. No os preocupéis de ser sacudidos por la verdad o engañados como lo habéis sido en el pasado. No hemos llegado tan lejos y tan cerca de la victoria para permitiros que os quedéis en el camino o completéis el viaje desatendidos. Cada uno de vosotros, además de estar reconectado a su Alma, está rodeado de asistentes amorosos, asignados solo a vosotros. Os habéis ganado el derecho a la tutela por vuestra dedicación y acción correcta, y de ahora en adelante viajareis en compañía de la Hostia Angélica y no solo con vuestros guías o tutores personales.

Comienza ahora, en este momento, a vivir cada día como si fuera tu último día en lo físico. Comenzad a liberaros de todo el viejo bagaje de vuestro mundo de Tercera Dimensión: ya sean posesiones, relaciones, ideas o filosofías anticuadas, restricciones emocionales o mentales, para que seáis un canal limpio, claro y receptivo para la infusión de energía refinada, magnificada y avanzada sabiduría que está bombardeando vuestra Tierra. Haced las paces con el mundo; buscad el perdón y armonizad todos y cada uno de los problemas o desequilibrios que os están frenando. Agilizad y redefinid vuestro mundo. No participad más en actividades o deberes que no sean para el bien más alto y mejor de todos. Os sorprenderéis de cuánta gente, cuestiones y problemas simplemente se volatilizarán o se quedarán en el camino una vez que os comprometáis con vuestro propósito más elevado.

Convertíos en observadores silenciosos, en no participantes en el diálogo sin sentido que es la norma común. Habla con sabiduría y discernimiento para que lo que tengas que decir tenga significado e impacto y los que te rodean te escuchen y presten atención. Fluye suavemente a lo largo de tus días y noches, con la seguridad de que todo es perfecto y exactamente como debería ser. Buscad la serenidad de vuestra alma-yo y sabed que nada más que el amor del Creador, por medio de su amada Presencia Yo Soy, puede tocaros.

Algunos de vosotros todavía estáis sintiendo los efectos de cuestiones residuales que están en proceso de ser resueltas. Yo os digo, amados Maestros, reunid vuestro manto de armadura, vuestra aura de amor y paz en torno a vosotros, y sabed que la resolución de cada situación está cerca. No se os pedirá que liberéis o renunciéis a nada que no sea para vuestro bien más elevado, y eso será reemplazado con regalos, preciosos, más allá de toda medida. No importa si son relaciones, posesiones, malestar temporal o incomodidad de cualquier tipo; liberadlos, queridos, si no están en armonía con vuestra nueva conciencia. Como maestro, con gusto liberarás las viejas formas infantiles y anticuadas, y te pondrás el manto de la sabiduría y la compasión.

Este es tiempo para refinar, perfeccionar el vehículo físico y vuestro entorno, así como para fortalecer la conciencia espiritual de vuestros cuerpos emocionales y mentales para que podáis comenzar a experimentar el nuevo yo; la poderosa e iluminada Humanidad en la que os estáis convirtiendo.

También es de suma importancia que comencéis a daros cuenta de que sois una fuente de energía energizada, pulsante y vibratoria. Y, a medida que emitáis las formas mentales y emocionales de pensamiento en cada momento del día y de la noche, tendréis un gran impacto en aquellos que os rodean, en vuestro mundo y, sobre todo, en vosotros. Así que sed diligentes, queridos, con vuestros procesos de pensamiento, vuestras palabras y vuestras acciones. Practicad el medio, el camino equilibrado y el no juicio como si vuestra propia vida dependiera de ello; en verdad lo hace. Las espadas y las púas de la intolerancia, el juicio, el miedo y la negatividad son rápidas y seguras; siempre dan en el blanco y en última instancia regresan a ti a medida que completan el círculo.

Tanto de día como de noche, rodearos de la Luz dorada-blanca de la conciencia de Dios —su manto magnético de invencibilidad— para que ni una pizca de negatividad de cualquier fuente pueda penetrar en vuestro campo de fuerza, creando así desequilibrio y desarmonía. Ved un rayo brillante de Luz audaz y azul entrando por vuestro chacra coronario y penetrando todo vuestro cuerpo, y luego visualizadlo hundiéndose hacia abajo hasta el centro de vuestra Madre Tierra. Este es mi regalo para vosotros, la espada de la correcta voluntad, propósito, verdad y valor, con la empuñadura anclada en el centro de vuestro corazón irradiando la energía de amor/sabiduría de la Diosa.

Salid cada día seguros de que una vez más habéis conquistado el mundo de la ignorancia, la restricción y la limitación; que cada día os acerca más a ese momento tan esperado en el que se levantará el velo de la ilusión y veréis con claridad. Recordareis con alegría, y sentiréis la unidad y la integración con esa vasta y amorosa fuente de energía, vuestra Presencia Yo Soy, de la cual sois parte integral. Permaneceréis separados solo dentro de vuestra unicidad, aquello que traéis como vuestro regalo al Todo, aquello que fuisteis enviados a experimentar muchas eras pasadas. No temáis perder vuestra individualidad porque ese es el tesoro que fuisteis enviados a buscar. Es por eso por lo que os advertimos que no os juzguéis a vosotros mismos conforme a uno o por cualquier otro estándar de medida. Vosotros sois únicos y vitales para toda la Creación y os apreciamos por esta razón.

Y así, amados, a medida que avancéis a través de este año de grandes cambios y transición, enfrentad cada desafío y oportunidad con la cabeza y el corazón en línea recta, seguros en el conocimiento de que estáis, de hecho, en la recta final: que nunca más debéis caminar por este camino porque estáis dejando atrás el viejo mundo y sus reglas de restricción y privación. La Edad Dorada que se avecina no es solo una ilusión —no es solo un sueño—; es una realidad que está a punto de manifestarse.

Escuchad nuestras palabras de aliento en vuestros sueños, sentid nuestro curso de apoyo amoroso a través de vuestras venas, y en vuestros momentos de quietud escuchad el susurro de nuestras voces, porque os estamos llamando.

Salid en paz y con buen ánimo, benditos, vuestro momento está cerca. Yo, el Arcángel Miguel, siempre cerca para guiaros y protegeros, os entrego estas verdades para levantaros y sosteneros. El amor del Creador y toda la Creación están contigo.

¡Yo Soy el Arcángel Miguel, y así es!

EL GRAN EVENTO HA COMENZADO. VUESTRO ÉXITO ESTÁ ASEGURADO

Amados Maestros de la Luz, ¿sentís que la emoción aumenta, la anticipación aumenta, día tras día? ¿Te sientes algo retraído y aislado, como si todas esas cosas que parecían tan importantes y que fueron el centro de tu atención en estos últimos años ya no tuvieran sentido ni validez? ¿Tienes problemas para concentrarte en las tareas mundanas y en los detalles de tus tareas diarias o para prestar atención a las conversaciones? Vuestra realidad está cambiando y estáis experimentando alguna distorsión y, sí, alguna incomodidad a medida que os ajustáis a las energías de las frecuencias de las dimensiones superiores a las que habéis comenzado a acceder.

Muchos de vosotros habéis integrado o equilibrado muchas de esas creaciones externas que os han causado tanta angustia; vuestras relaciones son más amorosas y significativas; estáis empezando a creer que tenéis derecho a la abundancia y a un flujo constante de energía manifestada en forma de posesiones materiales necesarias para vuestra comodidad y existencia diaria. Vuestra creatividad está comenzando a florecer y a tomar nuevas dimensiones, y vuestra salud está mejorando. Y entonces, ¿por qué dices que estás teniendo sentimientos tan perturbadores de miedo, pérdida, ira, soledad, aislamiento y frustración que parecen brotar desde lo más profundo de tu ser?

A medida que subís por el sendero de la elevada espiral de Ascensión a lo largo del proceso de iniciación, cuanto más alto os movéis más refinadas se vuelven las energías y más sutiles se vuelven las pruebas o los desequilibrios. Habéis enviado formas mentales de amor, paz y armonía, y estas se están manifestando ahora en vuestro entorno inmediato, pero todavía mantienen células residuales imperfectas de memoria dentro de vuestro cuerpo que están siendo liberadas por la Luz a la que estáis accediendo y que han permeado vuestros cuerpos físico, mental y emocional. Estas células de memoria flotan libres, y si no las liberáis totalmente se alojarán en las áreas donde aún sois más vulnerables: el plexo solar, creando ansiedad y viejas respuestas emocionales; los chacras inferiores, activando memorias instintivas de supervivencia y miedo o desequilibrios de polaridad masculina y femenina, y sentimientos de insuficiencia o desconfianza hacia los sentimientos de poder o sensibilidad que creíais haber integrado.

Muchos de vosotros estáis sintiendo angustia en varias partes de vuestro cuerpo, e incluso estáis manifestando síntomas de dolor o malestar en varios órganos, pero vuestros médicos no pueden encontrar nada físicamente incorrecto. ¿Es tan sorprendente, queridos? Sus herramientas de diagnóstico alopático no pueden monitorear o registrar lo que está mal con ti, aunque es una ventaja para ti pasar por el proceso de eliminar la posibilidad de cualquier dolencia física para aliviar tu mente y comenzar a buscar la causa real.

Mis queridos amigos, ¡estáis mutando! Estáis en medio de un intenso proceso de transformación y está sucediendo muy rápidamente. Los desequilibrios que han sido estampados en vuestra cuerpo etérico durante siglos están siendo armonizados. Los implantes y codificaciones que os han mantenido encarcelados y funcionando solo con una fracción de vuestras capacidades están siendo liberados o reprogramados. Por lo tanto, durante este tiempo de transición te sentirás un poco fuera de sincronización o fuera de lugar. Habéis liberado mucha de la ilusión y el glamour de Tercera y Cuarta Dimensión, que se han manifestado en vuestro mundo exterior, pero de lo que tal vez no os deis cuenta es de que también debe afectar a vuestro mundo interior, y más específicamente a vuestro cuerpo.

La razón por la que deseamos traer esto a vuestra conciencia es, en primer lugar, para tranquilizar vuestra mente, y en segundo lugar para ayudaros a moveros a través de este tiempo de asimilación interior tan rápida y fácilmente como sea posible. Es más importante que nunca que escuchéis la conciencia de vuestro cuerpo, que os conectéis y monitoreéis cada faceta de vuestro ser. Por fin os habéis dado cuenta de que es posible comunicarse con seres de los reinos invisibles, pero todavía no creéis que sois capaces de comunicaros con vuestra propio cuerpo. Escuchad a vuestro ser físico, golpead vuestros diversos órganos y sus muchas partes con sentimientos e intuición y comenzad un diálogo. Os sorprenderéis de lo que aprendéis y encontrareis que la conciencia de vuestro cuerpo comienza a responder con alegría, y esto traerá información a vuestra conciencia que transformará vuestro ser de adentro hacia afuera.

Aún no os sentís cómodos con vuestra nueva conciencia o realidad cuando entráis y salís de las frecuencias dimensionales más elevadas. Estáis ascendiendo, queridos, estáis en medio del proceso. La mayoría de vosotros habéis dejado atrás la Tercera Dimensión y os estáis moviendo a través de los subplanos de la expresión de Cuarta Densidad. Estáis operando desde la ventaja de ver estas realidades inferiores a través de una neblina o un estado casi onírico, donde sois conscientes de ella pero ya no os afectan o impactan en vuestra conciencia. Estáis tocando las frecuencias más altas, pero aún no os habéis ajustado a ellas. No podéis comprender verdaderamente la realidad de lo que estáis experimentando. Esto es de esperar, ya que no hay una demarcación o un punto de separación definitivo; hay un desplazamiento gradual, un fluir o una interpenetración entre dimensiones, ¿ves?

Vuestro ego también se está adaptando a vuestro nuevo papel como servidores de vuestro Ser Superior y no está renunciando a su control sobre vosotros sin luchar. Mientras que antes te susurraba que debes tener riquezas, poder, belleza, etc., para ser digno, que debes buscar el amor y la validación fuera de ti mismo, ahora está adoptando un nuevo rumbo. Cuando empiezas a aceptar tu dignidad y el hecho de que eres un Ser Divino, un fragmento bendito del Creador, te susurra: «¿Qué te hace pensar que eres tan grande? ¿Cómo puedes tú, una persona tan insignificante, ser portador de la poderosa conciencia de Cristo, o un representante de la Jerarquía, o un Maestro? ¿Qué te hace pensar que eres digno de ascender?». Sigue y sigue, con la esperanza de recuperar su lugar predominante en tu conciencia.

No culpes a tu pobre ego; solo está tratando de encontrar su lugar en tu nuevo Ser con poder de alma. Rechaza suavemente los susurros y pensamientos negativos, diciendo lo que dijo nuestro amado hermano Jesús cuando experimentó sus muchos días y noches en el desierto de aislamiento en preparación para su misión y Ascensión: «Aléjate de mí, Satanás», que en realidad era su ego, porque solo a través del ego los pensamientos negativos pueden entrar en tu mente. Ama, nutre y honra todas las muchas partes o facetas de ti mismo a medida que te mueves a través de este crítico proceso de transición.

Os sugerimos que no toméis ninguna decisión importante durante el tiempo presente, queridos. Todos vosotros estáis en lo que podríais llamar un compás de espera a medida que os movéis a través de este intenso proceso de iniciación que ahora está en curso. Muchos de vosotros os preguntáis adónde debéis ir y qué debéis hacer. Pronto lo sabréis y no tendréis que preguntar ni dudar. Sabréis exactamente lo que vais a hacer, o si vais a mudaros a medida que las visiones de vuestro futuro os sean gradualmente reveladas a cada uno de vosotros. Pasa estos próximos meses aclarando cualquier problema o situación residual que te llame la atención. De hecho, es un proceso muy mundano el que estáis pasando, un tiempo de reclusión e introspección. Muchos de vosotros os habéis retirado de vuestras interacciones grupales y sentís la necesidad de soledad. Honra estos impulsos porque son válidos. Aunque el proceso de Ascensión que estáis experimentando es un evento masivo, también es un evento muy privado y personal.

Nadie tiene la historia que tú tienes. Nadie tiene el destino que tienes ante ti y nadie más puede completar tu misión por ti. Eres una creación única, única en su género.

Seguid los impulsos de vuestro corazón, amados seres, escuchad a vuestra alma como nunca antes. Aprovechad las vías respiratorias telepáticas cósmicas para tener conocimiento de la maravillosa información que se os está enviando. La sabiduría antigua del cosmos y el conocimiento correspondiente a la próxima Era Dorada está comenzando a filtrarse desde la Fuente más elevada del Universo y de vuestra galaxia. Está penetrando y permeando vuestro sistema solar y vuestro planeta y aquellos de vosotros que sois capaces de acceder a estas frecuencias y codificaciones divinas recibiréis los primeros beneficios.

Si pensáis que no habéis hecho mucho progreso, mirad hacia atrás quiénes erais y dónde estabais hace unos pocos años y os daréis cuenta de la asombrosa transformación que ya habéis hecho. Y sin embargo, es solo el comienzo; sois solo una sombra del hermoso y brillante Ser espiritual que seréis los días venideros. Lo sabemos porque hemos tenido una visión de vuestro futuro.

Cada día que pasa, más y más hermosas almas están despertando de su sueño. Vosotros, la vanguardia, los mostradores del camino, que han despejado los caminos y eliminado muchos de los obstáculos, tenéis vuestro trabajo claramente expuesto ante vosotros. Vuestros hermanos y hermanas espirituales necesitarán guía, cuidado, sanación e instrucción. Ellos no tendrán que viajar por el territorio inexplorado que vosotros habéis pisado con fe y esperanza, porque vosotros habéis anclado la Luz y canalizado las verdades expandidas, ampliando así la visión para cada personalidad del alma, y traído con vosotros una conciencia del papel de la Humanidad como parte integral del Universo.

Hay excitación y esperanza agitándose en el cuerpo etérico de la Tierra y en la mente subconsciente de la Humanidad, y con razón, porque el tiempo del gran despertar ha comenzado. Observamos vuestro progreso con gran alegría y anticipación, pues el maravilloso experimento para el cual fue creada la Tierra y para el cual os ofrecisteis voluntarios, no será un fracaso después de todo. Vosotros sois un éxito rotundo, amados, y vuestra misión está avanzando hacia su culminación. Os dejo rodeados de la gasa delgadísima de gasa Amor/Luz de Dios/Diosa/Creadora y todos sus emisarios.

Yo Soy el Arcángel Miguel.

OS ESTÁIS MOVIENDO HACIA EL PODER DE LA TRINIDAD

Amados Maestros, otro gran evento acaba de concluir y se ha alcanzado otro hito en lo que podría llamarse la saga de la evolución y la Ascensión. Muchos de vosotros no sois conscientes de los grandes y trascendentales cambios que están en curso en este Universo y particularmente en vuestra Tierra, momento a momento, día a día. Estáis familiarizados con el concepto de la Trinidad, aunque ha habido muchos malentendidos e interpretaciones erróneas al respecto en el pasado. Vosotros, que estáis en la vanguardia de este proceso de transformación, estáis experimentando múltiples niveles del concepto de la Trinidad. Estáis fusionando cuerpo, mente y espíritu; estáis fusionando personalidad, alma, Ser Superior/sobre-alma con vuestra Presencia Yo Soy; estáis fusionando aspectos masculinos/femeninos/andróginos de vosotros mismos; está teniendo lugar una fusión de Tercera, Cuarta y Quinta Dimensión. Esto está sucediendo gradualmente, pero sin embargo se están uniendo a medida que las frecuencias más altas y refinadas anulan y elevan las vibraciones más bajas mezclándolas, armonizándolas y elevándolas. Pero, lo más importante: estáis comenzando a acceder a la Esencia Divina de nuestro Padre/Madre Dios y estáis anclando estas energías omnipotentes en la Tierra.

Igual que la convergencia armónica —el evento 11:11, y la activación de la Ascensión 12:12— y otros numerosos eventos menores tales como la apertura de puertas estelares o la sintonización y ajustes, despejes de vórtices, etc., el Festival WESAK del 12-15 de mayo de 1995, celebrado en todo el mundo, fue un evento de proporciones trascendentales. No importa si participasteis o no física o conscientemente; tendrá un efecto profundo y duradero en cada uno de vosotros. Fue otro tiempo para avanzar a medida que otro cambio de frecuencia tenía lugar dentro y en vuestra Madre Tierra, y dentro de cada uno de vosotros también. Los tres planos astrales inferiores fueron limpiados y sellados, y parte del velo (membranas de Luz) fue levantado de los cuatro subplanos superiores de Cuarta Dimensión, haciendo así posible que las energías selectas de ese reino fueran más accesibles para vosotros. (Hay siete subplanos en cada dimensión).

Aquellos de vosotros que fuisteis capaces de absorber las infusiones de alta frecuencia os beneficiaréis grandemente, aunque puede llevar algún tiempo integrar totalmente estas nuevas energías y que se manifiesten en vuestra realidad física. Muchos de los que asististeis a los diversos eventos podéis sentir como si nada importante o un temblor del alma hubiera ocurrido, pero tened la seguridad de que se facilitó mucha sanación y activación para la Tierra y para vosotros mismos. Se logró un cambio hacia adelante o hacia arriba en mayor o menor grado para cada área de la Tierra, y cada ser humano, de acuerdo con su habilidad para asimilar la infusión de la Luz Creadora o la esencia pura de la conciencia de Dios.

Muchos de vosotros entrasteis en las filas de lo que elegimos llamar auto-maestros. No, no hubo una elevación masiva de cuerpos físicos hacia los reinos invisibles. Sin embargo, hubo una maravillosa elevación en masa del espíritu de aquellos seres físicos que han preparado el camino armonizando e integrando las facetas trinitarias de sí mismos que mencionamos anteriormente, liberando así los lazos de ilusión que mantienen a muchas hermosas almas atrapadas y ancladas en la densidad de la realidad restrictiva/ilusión de las dimensiones inferiores de Tercera y Cuarta. Os estáis moviendo hacia lo que podría llamarse el efecto «cien Maestros», a medida que muchas almas valientes y dedicadas caminan a lo largo del brillante sendero interno de Ascensión, despejando así el camino para que otros lo sigan mientras la energía se intensifica y el sistema de creencias de la conciencia masiva comienza a reaccionar a las frecuencias transformadoras de la Luz Divina.

Muchos de vosotros todavía esperáis escapar de vuestra prisión terrenal por algún medio milagroso. Algunos incluso han anhelado en secreto que los eventos cataclísmicos previstos ocurran para que los elegidos de la Humanidad puedan ser rescatados o transportados a las naves de la Luz, evitando así cualquier participación o responsabilidad activa. O bien estáis esperando todos los dones de manifestación o maestría sin la disciplina o la labor de sacrificio amoroso necesarios para llevarlos al equilibrio y la armonía, o a un estado de inofensividad. Imaginad qué Paraíso sería vuestra Tierra si cada persona viviera en total inofensividad y proyectara solo un uno por ciento de energía o acción positiva.

Un alma amada comparó su deseo por los poderes de manifestación con el de permitir que un infante tuviera acceso a un interruptor que pudiera activar una bomba nuclear. No permitiremos que esto vuelva a suceder. No os dais cuenta de lo cerca que estáis de la aniquilación total de vuestra Tierra y de todos sus habitantes. Ya no se permitirá que aquellos que operan desde la codicia, el miedo y el interés propio determinen el destino de la evolución de la Tierra. El poder está siendo gradualmente eliminado de todos aquellos que todavía funcionan desde una mentalidad tridimensional, y puesto en manos de la nueva Jerarquía Espiritual, de los auto-maestros emergentes, de los líderes evolutivos de la era venidera: aquellos que están en sintonía con el Espíritu, que han asimilado la sabiduría y la compasión de sus Maestros y la Presencia Yo Soy; aquellos a los que se les ha permitido echar un vistazo al plan Divino para la gran Nueva

Era venidera. Este proceso de transformación llevará tiempo y habrá mucho caos, confusión y negatividad a medida que la Luz de la transformación se infiltre en los corazones de la Humanidad y en las fortalezas terrenales más oscuras. Recordad, es la Era de la Llama Violeta de la transformación, y la vieja realidad restrictiva debe ser disuelta para que una nueva y armoniosa era emerja: un mundo de equilibrio, armonía y abundancia para todos.

Con la iniciación a las filas de los Maestros vienen regalos maravillosos, pero también una gran responsabilidad. Debemos estar seguros de que estás preparado para la carga que se te impondrá (aunque te ayudaremos a allanar el camino y aligerar tu carga). Tu Tierra está evolucionando a un ritmo vertiginoso y debéis adaptaros o quedaros en el camino. El abismo entre realidades y frecuencias se está ensanchando en vuestro planeta diariamente. Muchos de vosotros ahora veis la actividad de Tercera Dimensión desde un estado cercano al sueño; no tiene impacto en vosotros y podéis ver claramente a través de la ilusión. Esto continuará a medida que accedáis a más de vuestro cuerpo de Luz e integréis más de la magnificencia de vuestra sobre-alma/ Ser Superior, hasta que veáis vuestro mundo de una manera totalmente nueva.

Queridos, no os juzguéis a vosotros mismos conforme a ninguna otra persona ni conforme a ningún estándar, sino por vuestro propio conocimiento e intuición interior. Cada uno de vosotros tiene un papel integral que desempeñar en esta gran danza de la Ascensión. Muchos de vosotros seréis maestros en un nivel de entrada a medida que más y más Humanidad se mueva y responda a los empellones del descontento divino de vuestras almas y espíritu. Un número de vosotros encontrará que su misión es ayudar a aliviar la incomodidad y el trauma del cuerpo físico mientras completa su metamorfosis a un vehículo divino de Luz. Muchos ayudarán a establecer el nuevo gobierno mundial; hay expertos que diseñarán las nuevas comunidades del futuro, además de enseñar a las magníficas almas que están naciendo, algunas de las cuales están ya llegando a la adolescencia o a la edad adulta temprana. Pero lo más importante, por mucho, es que permanezcáis en sintonía con el espíritu todos y cada uno de los momentos, caminando y funcionando en perfecta armonía con vuestro propio Plan Divino, creando amor y alegría a cada momento, no importa dónde estéis o lo que estéis haciendo. Cuando podáis hacer esto, entonces el poder mágico de la manifestación será derramado sobre vosotros en plena medida.

Aquellos de vosotros que habéis entrado en la selecta compañía de los amos sabéis quiénes sois, pero como auto-maestros debéis guardaros vuestra información y vuestro silencio. Caminarás y hablarás suavemente, pero portarás un gran aura de serenidad, autoridad y poder. Vivirás en alegre expectativa y, sin importar la tarea que se te encomiende, la realizarás con gran entusiasmo.

Es hora de expresar alegría, queridos; muchos de vosotros os tomáis muy en serio. Nuestro Padre/Madre Dios ama la risa, la alegría y la espontaneidad. La alegría es la palabra del día. Recuérdalo: anticipación alegre, interacción alegre y amorosa, percepción inocente, compromiso total para anclar el Paraíso en la Tierra una vez más. Debéis esforzaros por crear una nueva mentalidad de coexistencia pacífica y amorosa donde la alegría, la armonía y la abundancia puedan florecer.

Libera la necesidad de validación fuera de ti mismo; esa es la vieja manera. En el pasado, vuestra realidad se reflejaba en vosotros a través de relaciones, eventos y lecciones. Liberaos de ese modo, ya que se está volviendo obsoleto. Vuélvete hacia adentro a medida que accedas a tu bello Ser-alma y a tu Ser Superior. Para algunos de vosotros, vuestra sobre-alma/Ser Superior se está convirtiendo en parte de vuestra conciencia. Encuentra tus propias verdades por medio de tu intuición a través de tu Yo más grande y a través de la interacción telepática con los Maestros y tus Maestros. Maravillosos seres galácticos e incluso algunos seres universales están ahora disponibles para aquellos de vosotros que hayáis despejado el camino y aceptéis los regalos que se os ofrecen. El anillo-paso-ya no existe; tienes a tu disposición sabiduría y poder que te ha sido retenido durante miles y miles de años. Llegad con vuestra mente y vuestro corazón, queridos, permitid que vuestra alma se eleve y atreveos a soñar el mundo más perfecto que podáis imaginar. Solo será un tenue reflejo de la gloriosa realidad que se está formando en los reinos superiores y que pronto descenderá a la Tierra.

Yo Soy el Arcángel Miguel.

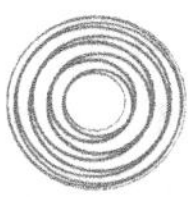

EL TIEMPO DE PREPARACIÓN HA TERMINADO, AHORA ES EL MOMENTO DE ACTUAR

Amados Maestros, ahora que vuestro año ha pasado de la mitad, examinemos juntos lo que ha sucedido. Aunque vuestros patrones climáticos han sido extremos, impredecibles y erráticos, el estremecimiento y el temblor de vuestra Tierra se ha calmado un poco. Los patrones climáticos son sintomáticos de la vorágine de energía emocional que está siendo liberada por la Humanidad (más dramáticamente en algunas áreas), atrapada en las corrientes de aire y magnificada en vuestra atmósfera. Los organismos gubernamentales de todo el mundo se apresuran y maquinan para recuperar el control de las masas, lo que solo crea más descontento y caos.

Aquellos que todavía están atrapados en la expresión de Tercera Densidad se preguntan por qué ya no reciben alegría o satisfacción de las viejas formas de actividad. Hay malestar en el lugar de trabajo, inseguridad laboral y sentimientos de impotencia; la alegría de la adquisición, o el triunfo de ganar una lucha de poder de alguna manera ya no conllevan el sentido de superioridad o cumplimiento que una vez proporcionaron. Se están probando, cuestionando y exigiendo cambios o modificaciones en las normas y reglamentos a todos los niveles. Las familias están desorganizadas y sin saber cómo recuperar el sentido de unidad, seguridad y continuidad que antes tenían.

Estos son los seres queridos que se aferran de por vida a las viejas ilusiones que se están escabullendo, disolviendo ante sus ojos. Vuestro mundo y todo lo que percibís parece estar empeorando día a día mientras lucháis por aferraros a lo poco que tenéis y mantener alguna apariencia de orden y equilibrio. Por otro lado, aquellos de vosotros que estáis fluyendo con el espíritu y habéis trabajado diligentemente para armonizar vuestros vehículos físicos con las nuevas frecuencias, estáis encontrando una nueva dulzura y paz en vuestro mundo. Es cierto que todavía tenéis pruebas y exámenes, pero tenéis un elevado sentido de conciencia y podéis procesar y resolver cualquier suceso discordante muy rápidamente con un mínimo de incomodidad y energía.

Os hemos dicho que la división entre los planos de existencia se está ensanchando y las realidades entre los seres de Luz que caminan por la Tierra y las masas no despiertas están llegando a un punto límite o separación definitiva. Tú y tus vecinos podéis vivir en dos mundos diferentes de experiencia y sin embargo estar separados por solo ciento cincuenta metros o así.

A muchos de vosotros, que os habéis movido a lo largo del proceso de limpieza e iniciación, se os está diciendo (con susurros, impulsos o información inspirada) que es hora de que salgáis de vuestra reclusión –vuestros santuarios–, vuestros refugios seguros. Ese es el siguiente paso, amados. Ahora tenéis una visión clara de lo que está sucediendo. Podéis sentir las sutilezas de lo que está sucediendo en todo el mundo. Se puede ver detrás de las cortinas de humo y detectar las falacias y la distorsión de la verdad con la que se alimenta descaradamente a las masas. En otras palabras; ya no estáis funcionando bajo la influencia o gobernados por aquellos en poder del mundo de Tercera Dimensión.

Ahora estáis bajo la protección y el gobierno de una autoridad superior. A partir de ahora operareis bajo la guía de la Jerarquía Espiritual, el Logos Planetario, y aún más allá. Aquellos de vosotros que estáis listos para asumir el manto de la autoridad estáis siendo capacitados y preparados para salir de entre las masas. Para ello todos estos últimos meses han sido de limpieza y pruebas: para ver si sois lo suficientemente fuertes como para resistir la marea de presión que recibiréis de la Humanidad acelerada alrededor vuestro.

Algunos de vosotros que estáis ansiosos por compartir vuestras nuevas verdades seguís siendo algo ingenuos al pensar que lo que ahora representáis y deseáis compartir será recibido con entusiasmo, sin resistencia ni resentimiento. En muchos casos esto es cierto; sin embargo, ahora os decimos que debéis estar preparados para el odio, el miedo, el juicio, la resistencia y la persecución. Pero si permanecéis en vuestro centro de poder, bajo la protección de vuestra Presencia Divina, y no os quedáis atrapados en las energías negativas que serán arrojadas hacia vosotros, prevaleceréis y permaneceréis intactos. Este será uno de vuestros mayores desafíos, que será creado por el abismo entre vosotros y aquellos que existen en las frecuencias más bajas, queridos. Rápidamente aprenderás que lo que no resuena contigo no puede impactarte ni tocarte.

Aquellos de vosotros que no sentís que estáis listos para emerger como mostradores del camino o como maestros de la nueva conciencia también podéis prestar atención y beneficiaros de este mensaje. Controla cómo manejas los pequeños conflictos con los que te enfrentas cada día. No importa cuán frustrante o desesperada sea una situación; puede ser mejorada con un cambio de actitud y una llamada de ayuda a tus maravillosos y leales guías y maestros.

A medida que tu mundo gira en espiral hacia la siguiente octava más alta, el tiempo, tal como lo conocéis, se está moviendo cada vez más rápido. Estás perdiendo el sentido de la estabilidad y esto se debe en parte a la aceleración del tiempo. La evolución de la Humanidad también se está acelerando, por lo que ya no os sentís cómodos ni entendéis vuestros cuerpos, cómo funcionan y cómo reaccionan ante diferentes situaciones y estímulos. Eres más sensible a sustancias que nunca antes habías notado, y también estás sintiendo sensaciones totalmente nuevas para ti. Como hemos dicho una y otra vez, ¡estás mutando!

Esto nos lleva al tema de los pequeños, los preciosos niños. Últimamente, muchas personas, especialmente padres, abuelos y maestros, se están preocupando y perturbando por los niños del mundo. Saben que algo va mal y radicalmente mal, pero no pueden identificar lo que ha cambiado o está sucediendo. Los pequeños nacidos en torno al año 1970 son únicos, diferentes, especiales más allá de tu imaginación. Muchos son prototipos de la nueva Humanidad, una siembra avanzada de la futura raza Meruvian, y muchos son almas sabias y avanzadas de civilizaciones lejanas. Así como un gran número de vosotros vinisteis como representantes de razas y civilizaciones distantes para influenciar y participar en el gran experimento en el planeta Tierra, así también lo han hecho muchas de estas hermosas almas.

Hay una nueva siembra, una nueva infusión de Espíritu que está teniendo lugar en la Tierra. No solo estáis vosotros, como la vieja vanguardia, trayendo y anclando en la Tierra las energías y la sabiduría de la nueva Era de la Luz, sino que estos maravillosos jóvenes están trayendo nueva sabiduría y un conocimiento tan avanzado, tan extravagante para vosotros en este momento que ni siquiera podéis comprenderlo.

Para poner esto en una perspectiva apropiada, imaginad cómo era vuestro mundo hace dos mil años y cómo una persona traída desde ese tiempo, con la conciencia de esa era, percibiría vuestro moderno mundo de hoy. Así de dramáticos serán los cambios en estos próximos años transformadores de vuestro tiempo.

Los niños de hoy en día requieren reglas y normas diferentes, cuidados y manejo diferentes. Son más sensibles, más cercanos al Espíritu; el velo entre las dimensiones es más delgado y está trayendo consigo capacidades operativas y habilidades que han estado latentes durante miles de años en la mayoría de vosotros. Habilidades que has tenido que trabajar para perfeccionar y refinar.

Atributos y talentos avanzados e inusuales que les llegarán de forma natural y parecerán normales. No reprimas sus sensibilidades, su creatividad, su conciencia espiritual. Enseñad, o simplemente permitid que sean los seres andróginos que desean ser: un equilibrio perfecto de energías masculina y femenina. Muchos de estos hermosos seres serán ambidiestros, multifacéticos en sus habilidades, talentosos más allá de tu imaginación, solo si los nutres y permites que sus espíritus se eleven. Observa cómo las cabezas de muchos de los bebés que nacen son un poco más grandes de lo normal, también ligeramente alargadas. Sus cerebros son más grandes que en los días de Lemuria y Atlántida. El proceso de mutación es mucho más avanzado en muchos de estos pequeños, ¿ves?

Es hora de una renovación y reestructuración completa de vuestro sistema educativo. Muchos de vosotros habéis estado protestando y defendiendo esto durante mucho tiempo, pero el tiempo se está acabando. Las escuelas ya no les sirven a los niños, sino que están construidas para apoyar la burocracia y un sistema anticuado que se ha roto por completo. Hay muchos trabajadores de la Luz extremadamente cualificados que quieren desesperadamente enseñar y traer vida y verdad al sistema escolar, pero tienen miedo de desafiar al sistema o han sido rechazados por ser demasiado radicales o no conformistas. Esto también va a cambiar, mis queridos amigos, y pronto. Debe cambiar o el caos reinará, provocado por la frustración y la confusión de estas almas avanzadas que ven claramente la injusticia, las desigualdades y las distorsiones del viejo y anticuado sistema educativo.

No es momento para tímidos o débiles; ahora es el momento de salir y decir vuestra verdad, de tomar posición; es el momento de ser amorosamente asertivos, de vivir vuestra integridad espiritual; es el momento de involucrarse activamente. Vosotros podéis representar la diferencia; la marea de la ignorancia, la restricción y las limitaciones puede ser cambiada con olas de amor y sabiduría como vuestras armas.

Os pedimos a todos vosotros que sentís la agitación del Espíritu brotando desde dentro que comencéis: comenzad desde donde estáis en el momento presente. Utilizad el conocimiento y la sabiduría que habéis obtenido de vuestros propios ensayos y pruebas para ayudar a otros, para allanar el camino a las masas agitadoras que os rodean, para ayudarles a hacer pequeños cambios diarios en la conciencia que conducirán a dramáticos cambios evolutivos de proporciones dinámicas. Cada uno de vosotros tiene algo que compartir, algo que aportar. Estos próximos años serán un campo de pruebas para ver cómo de bien manejáis los desafíos y oportunidades que se os presentan, y a medida que os movéis a través de cada obstáculo y lo superáis, más poder, más sabiduría, más regalos serán derramados sobre vosotros. Este es el camino de un auto-maestro, ves: paso a paso, nivel a nivel, ingenio a ingenio, ganando todo a medida que superas las limitaciones de las dimensiones Tercera y Cuarta inferiores.

Cada día y cada paso te acercan más a la victoria. Estáis marcando la diferencia, primero con vuestra fe, luego anclando la Luz y rindiéndoos a la Voluntad del Plan Divino. Ahora es el momento de usar la fuerza y la sabiduría que habéis acumulado como auto-maestros de la co-creación. Muchos de vosotros habéis sido sobre-iluminados por el aura de algunos de los Maestros de la Luz y estáis en proceso de convertiros en extensiones físicas y representantes de estos maravillosos seres. Usad vuestros poderes y habilidades con discernimiento y compasión, queridos; mano sobre mano, unidos en propósito, marcharemos juntos hacia el cumplimiento de nuestra misión. Yo os rodearé con mi campo de aura de protección amorosa.

Yo Soy el Arcángel Miguel.

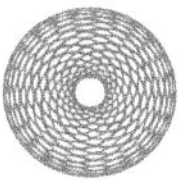

ERES UN REPRESENTANTE DIVINO DEL CREADOR

Amados Maestros, permitidme, si así lo deseáis, ayudaros a afinar vuestras nuevas habilidades y vuestras mayores habilidades de percepción. Es hora de que funcionéis como los auto-maestros en los que os estáis convirtiendo para comenzar a usar vuestros sentidos internos además de vuestros cinco sentidos externos. En lugar de escuchar con vuestra mente consciente y vuestro oído físico, es hora de comenzar a sentir la resonancia de las palabras que decís, y de las palabras que se os dicen. Sentid el significado que hay detrás de vuestra interacción diaria con otros, a medida que os sintonizáis con las frecuencias vibratorias que están siendo enviadas. Imaginaos que tenéis problemas de visión y audición, y empezáis a permitir que vuestra intuición y percepción extrasensorial salgan a la luz. Cuando entráis en el campo áurico de alguien, ¿os sentís edificados y relajados u os hace querer retiraros de su espacio? Haced un balance de vuestra relaciones casuales e íntimas y tomad conciencia de aquellos que parecen resonar en armonía con vosotros, y aprended a examinar vuestros sentimientos respecto a aquellos que os dejan agotados o desequilibrados.

Tal vez necesitéis poner una barrera amorosa de Luz entre vosotros y algunos de aquellos con los que estáis fuera de sincronía mientras buscáis equilibrar y armonizar las energías entre vosotros. Además, no dudéis en enviar la energía discordante a vuestro Ser Superior para que sea transmutada y armonizada, junto con una petición de resolución por «el bien más elevado y mejor para todo». La intención, queridos, la intención amorosa enfocada en el alma siempre os guiará a la solución apropiada.

Cada encuentro y cada evento que experimentáis durante vuestra estadía a lo largo del camino superior de la conciencia tiene un mensaje para vosotros; muy sutil quizás, pero vuestro Ser Superior os está presentando diferentes situaciones y escenarios para que podáis evaluar o reevaluar vuestros viejos paradigmas, vuestra viejas estructuras de creencias y eliminar aquellos que ya no os sirven. Se os pide que adoptéis un punto de vista más expandido, un enfoque más amplio. Practicad el ver una panorámica de vuestro mundo e interacciones en lugar de concentraros en el síndrome de la «pequeña historia» o el «pequeño yo» de experiencia de Tercera Dimensión.

Conviértete en una meditación viviente, en la cual estás constantemente en sintonía con los impulsos y la dirección de tu sobre-alma/Ser Superior. Imagina que ese maravilloso y gran Ser (que es quien realmente eres) está encaramado en tu hombro mientras realizas tus tareas mundanas del día. ¿Actuarías, hablarías o pensarías como lo haces ahora? Comienza a tener la sensación de «estar fluyendo con el Espíritu», donde nada despeina tus sentimientos y manejas cada situación a medida que surge con paciencia y aceptación; no permites que nada ni nadie te mueva fuera de ese dichoso centro de armonía. Esto es lo que significa funcionar como un Auto-maestro.

Todos vosotros sois conscientes de que a medida que limpiáis, armonizáis y equilibráis vuestros cuerpos físicos, mentales y emocionales con vuestro Ser Espiritual, podéis comenzar a acceder, primero a vuestra alma, luego a vuestro Ser Superior, y finalmente comenzar a conectaros con vuestra sobre-alma/Ser Superior en preparación para acceder a los niveles de entrada de Quinta Dimensión. A medida que despejáis las frecuencias más bajas y restrictivas comenzáis a acceder a nuevos conocimientos y sabiduría.

Recuerda quién eres, quién has sido, y cuán asombroso y maravilloso es el verdadero tú. Comienzas a sentir esa conexión divina con tu familia espiritual y ya no te sientes solo, incluso cuando estás aislado. Pero ¿sois conscientes de que también estáis enviando formas-pensamiento a cada momento, información y nuevo conocimiento a esas frecuencias internas de vuestro Ser Superior y a las muchas facetas de vuestro Ser más grande?

Vinisteis a esta Tierra como representantes divinos de nuestro Padre/Madre/Dios. Muchos de vosotros de antiguas y distantes civilizaciones, incluso de otros universos, como parte de esa energía disminuida del Creador Supremo de todos. A vuestra faceta individualizada de la conciencia de Dios llamada vuestra Presencia Yo Soy se le dio una misión particular: un plano divino, como lo era vuestra sobre-alma y los muchos fragmentos descendidos llamados vuestros Seres Superiores. Y a ti, como un fragmento individual del alma o personalidad de un Ser mayor, se te dio tu tarea particular, o pieza del rompecabezas para experimentar y perfeccionar.

Ahora lo que se espera de cada uno de vosotros es que a medida que ganéis conocimiento y experiencia debéis transmitir esa nueva información gradualmente a su vez para ser integrada por vuestros muchos fragmentos del alma superior a las multi-dimensiones de la conciencia. Esta información es ordenada, refinada y enviada a los niveles superiores de la Creación para ser integrada junto con toda la otra información que está siendo recolectada en este experimento evolutivo único en el planeta Tierra.

A su vez, se os permitirá extraer la fuente divina de Amor, Luz y Sabiduría de nuestro Padre/Madre Dios en cualquier medida en la que seáis capaces de acceder, absorber y compartir. Sin embargo, recordad, hay una ley universal que dice: debéis contribuir o devolver algo del Amor/Luz que integráis en servicio devoto a Todos, si es que vais a continuar teniendo acceso a una sustancia cada vez más elevada de la Luz Creadora para poder crecer y prosperar espiritualmente.

Lo que deseo traer a vuestra conciencia con el siguiente escenario es: ¿son vuestras acciones y pensamientos diarios los que os gustaría haber enviado por esos caminos de Luz de alta frecuencia como contribución vuestra al Creador? ¿Cómo deseáis ser representados? ¿Cómo os gustaría que os recordaran? ¿Estáis enviando frecuencias de amor, compasión, alegría y acción de gracias como participantes en este importante experimento, añadiendo así vuestro conocimiento y sabiduría recién ganadas al Todo, frecuencias que serán dignas de un lugar en ese Plan divino universal que será usado para crear nuevos mundos, nuevos sistemas estelares, nuevas civilizaciones? ¿O son vuestros pensamientos y acciones tales que serán rechazados como no aceptables para entrar en los registros cósmicos que se están reuniendo en este momento, registros que hablarán de la milagrosa transformación que ha tenido lugar en este pequeño planeta llamado Tierra, de cómo un pequeño grupo de la Humanidad cambió el curso de la Historia cósmica prevaleciendo sobre probabilidades aparentemente insuperables?

Es como si se os asignara una piedra preciosa: sin cortar, sin pulir, sin facetas, codificada con vuestra frecuencia particular y vuestra exclusiva impronta divina. A través de los eones, cada experiencia, ya sea que hayáis estado o estéis dando vueltas para aprender las lecciones de la vida, limando así algunos de los ásperos bordes de vuestra piedra preciosa, o estéis añadiendo brillo a esta joya a medida que la llenáis de Amor/Luz, sabed que está contribuyendo a la frecuencia de expresión que es única vuestra. Finalmente encontrarás tu camino de regreso a tus orígenes para armonizar y añadir tu esplendor a todas las otras magníficas y raras joyas, trayendo así la maravilla y la gloria de este gran experimento a la conciencia del Creador de Todo. ¿Sois conscientes de que estáis experimentando la realidad física de todos esos grandes seres de los reinos superiores, incluyendo al Creador Supremo, porque sois demasiado grandes para pasar vuestra energía y conciencia a la grosera densidad de lo físico?

Daos cuenta, queridos, creed esto, si no nada más: es verdad como nunca antes, que cada pensamiento, acción, acción está añadiendo o restando valor a vuestro proceso de iluminación o Ascensión. Y no solo te afecta a ti, sino a tu familia del alma, a tu Ser Superior y a tu mundo. Debes darte cuenta de una vez por todas de que no eres un ser separado y aislado, que no eres soberano de ti mismo. Vosotros sois una faceta del Todo, una célula del corazón del Creador y afectáis al resto de la Creación positiva o negativamente. Ejercéis un gran poder y tenéis una oportunidad maravillosa, como nunca antes, de suponer una diferencia, para cumplir vuestra misión Divina, para ser co-creadores de mundos paradisíacos con todos los otros espléndidos seres de Luz.

No dejéis pasar esta oportunidad inusual. Es muy simple, queridos amigos. Primero amaos incondicionalmente y luego extended ese mismo amor a toda la Humanidad. Practica el camino suave, intermedio: la moderación en todas las cosas. Llega a ser totalmente imparcial, permitiendo que cada individuo encuentre su propia verdad y siga el camino de su propio destino. Vivid en alegría, paz y armonía, volviéndoos inmunes a cualquier energía discordante de vuestro alrededor. Visualiza tu propia imagen perfecta del Paraíso en la Tierra, y luego sigue los empellones del Espíritu que te ayudarán a hacer realidad tu sueño. Tienes más energía cósmica disponible que nunca. Tenéis más asistencia de los reinos superiores que nunca antes, pero debéis hacer vuestra parte anclando esa energía en vuestro vehículo físico, y luego, con vuestros propios procesos de pensamiento y acciones, llevar esta visión desde los reinos etéricos a expresión física.

Muchos de vosotros estáis evolucionando tan rápidamente a medida que os movéis a través de los niveles sutiles de las dimensiones superiores que estáis teniendo dificultades para concentraros en vuestra tareas cotidianas y mundanas. Es como si tuvierais los pies plantados en la Tierra y vuestra conciencia estuviera mitad dentro y mitad fuera de vuestro cuerpo físico. Es muy importante que os mantengáis firmes y anclados, aunque para muchos de vosotros esto pronto cambiará. Un número de vosotros estáis a punto de dar ese salto de conciencia por el cual seréis capaces de funcionar simultáneamente como Ser multi-dimensional espiritual/físico mientras interactuáis normalmente en el mundo. Solo aquellos que estáis adquiriendo esta habilidad conoceréis la diferencia; sin embargo, pareceréis más serenos, más eficientes, con más vitalidad, y con una mayor capacidad de amor que antes.

Muchos de los Maestros Ascendidos que ahora caminan por la Tierra son gente tranquila, modesta y gentil. Hay quienes están destinados a convertirse en grandes oradores y portadores del nuevo conocimiento y sabiduría de este tiempo y quienes están destinados a realizar milagros para las masas, pero en general, la mayoría de estas hermosas almas se dedican silenciosa y serenamente a su misión, esparciendo paz, amor y consuelo. ¿Cuál es tu posición en este panorama de la nueva realidad resplandeciente que está emergiendo en el horizonte de tu mundo? Solo tú puedes decidir. Os ofrecemos nuestra sabiduría, nuestro amor, protección y apoyo, pero sois vosotros quienes debéis tomar vuestro sueño y convertirlo en la realidad.

Yo Soy el Arcángel Miguel.

DEBO QUEDARME

Mi espíritu descansa tan ligeramente en mi mente,
que me gustaría dejar el mundo atrás.
Mis pensamientos se elevan por encima y más allá,
mientras que de vuelta a la Tierra la atracción es fuerte.
Tanto que vivir, es tan dulce,
no debo perder ni un respiro ni un latido.
La llamada que siento, el impulso es profundo,
pero hay promesas que debo cumplir.
Si tan solo pudiera tomarte por las cuerdas del corazón,
y hacerte subir y bajar conmigo,
por el camino de la Eternidad.
Un lugar de Luz blanca pura y energía amorosa,
que mi alma añora y donde anhela estar.
Pero no puedo irme hasta que sepa
que todos vosotros estáis firmemente en vuestro camino.
Y por ahora, debo quedarme.

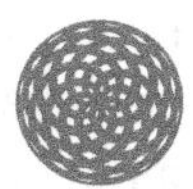

ANEXO

EXTRAÍDO DE LA MAGIA Y LA MAJESTAD DE LA HUMANIDAD ASCENDENTE

AJUSTANDO TU CONCIENCIA ESPIRITUAL
CONCIENCIA DEL ALMA VERSUS CONSCIENCIA HUMANA

«A tu interior, debes serle sincero». Es de vital importancia que aprendas a distinguir la diferencia entre:

1. Instinto e intuición
2. La mente del alma superior y la mente física inferior, que consiste en una mente consciente y subconsciente separada
3. El deseo del ego versus los impulsos espirituales
4. Los deseos de la personalidad del ego frente al propósito inspirado por el alma

Paz y serenidad no son lo mismo. La paz se refiere al campo de las emociones de Tercera/Cuarta Dimensión y es sensible a las perturbaciones de fuentes externas. Cada paso adelante en el sendero de la Luz está marcado por condiciones o desafíos y caos, intercalados con períodos de integración y un sentido de paz. La serenidad es una profunda calma interior que está libre de cualquier perturbación emocional. La naturaleza emocional se enfoca en un espectro muy delgado de dualidad. Las opciones más altas son la norma y se mantiene una visión desapegada de todas las circunstancias. La paz es un estado de conciencia de menor densidad, mientras que la serenidad es una cualidad emocional de Quinta Dimensión.

El Creador Supremo es puro, fuego blanco, energía electromagnética, siempre en movimiento y en un estado constante de expansión.

El Espíritu/Esencia de nuestro Dios Madre/Padre fluye y trabaja a través de la semilla-átomo de nuestra alma individualizada. Cuando negamos los susurros del alma estamos negando a nuestro Ser-Dios.

Hay tres puntos de sensibilidad en el cerebro de un auto-maestro: la glándula pineal, la glándula pituitaria y la arteria carótida. Las partículas adamantinas de la sustancia de Luz Divina son transportadas en la forma corporal a través del torrente sanguíneo. Es a través de estas glándulas maestras que las frecuencias más elevadas de la Luz Divina encienden los átomos-semilla en el vehículo físico, activando así el proceso de iluminación. Recordad, sois espiritualmente responsables de la Luz Creadora que integráis.

Estáis compuestos por unidades de energía. Magnetizáis la energía hacia vosotros e irradiáis energía cualificada desde vosotros en un patrón infinito. Es importante que aprendáis a reconocer la diferencia entre los patrones de energía manifestados mediante el uso de la Divina Voluntad, usando Luz Creadora pura versus el uso de la fuerza, que usa la sustancia de la fuerza primordial de vida o los espectros disminuidos de Luz en el proceso de manifestación en las densidades más bajas de expresión. Existe una gran diferencia entre los distintos tipos de energía. La Humanidad está en medio de una redistribución de las potencias, cualidades y aspectos del rayo. El conocimiento y la fuerza son usados por la personalidad en el mundo de la forma de Tercera y Cuarta Dimensión. El conocimiento utilizado es la fuerza que se expresa.

Cuando sois finalmente sobre-iluminados por vuestro átomo-semilla de Dios, podéis viajar entre las muchas corrientes de conciencia negativa y no ser afectados de ninguna manera. Estáis totalmente abrigados por la Luz Sagrada de nuestro Padre/Madre/Dios.

La mente sagrada es un almacén para la historia y el viaje completo de las muchas facetas del alma dentro de Tercera/Cuarta Dimensión. Nuestra mente sagrada es nuestra conexión directa con las múltiples facetas de nuestro sobre-alma/Ser Superior, y finalmente con las múltiples Tríadas Sagradas de Quinta Dimensión. Poco a poco, las Pirámides de Luz, donde están almacenadas nuestras réplicas etéricas (Tríadas Sagradas), irán integrando cada nivel de nuestro ser desde las Dimensiones inferiores. Nuestra meta final es que todos nuestros fragmentos de alma se reintegren a nuestras Tríadas Sagradas, y en última instancia a nuestro átomo-semilla de Dios. Una vez allí, nos calentaremos con la alegría del reencuentro con todas las preciosas facetas de nuestro Ser-Dios, en plena conciencia, esperando el momento de la próxima llamada de clarín, cuando una vez más viajemos hacia el Gran Vacío para cumplir un nuevo Plan Divino.

Los tres componentes básicos del Universo: partículas adamantinas de luz creadora, amor, espíritu, alma espiritual/alma humana, niveles de conciencia; aspectos o expresiones.

La brillantez de vuestro vehículo físico está determinada por el grado de energía que habéis integrado. El aura se compone de los patrones de frecuencia que emanan del vaso etérico —la velocidad de vuestras vibraciones o vuestra firma energética— y la pureza y claridad de los colores que irradiáis. El centro de la cabeza es el custodio del Propósito Divino. Eres un portador de Luz planetaria. Los seres de los reinos superiores son portadores de Luz celestial.

Centro de la cabeza: primer rayo
Centro del corazón: segundo rayo
Centro de la garganta: tercer rayo
Plexo solar: poder físico/centro creativo

La Humanidad está despertando gradualmente a valores espirituales más elevados: revelación, interpretación, intención, voluntad-poder, lo que resulta en una manifestación de mayor frecuencia.

KOLIMA
BOOKS